주기율표를 만든
원소 수집가들

차례

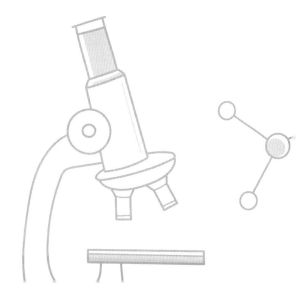

1

실험밖에
난 몰라

↓

헨리 캐번디시
1731~1810
영국의 화학자·물리학자

"공부가 가장 쉬웠어요"란 말처럼, 헨리 캐번디시에게는 연구가 가장 쉬웠을지 모릅니다. 낯을 많이 가렸던 캐번디시는 사람들 만나길 꺼렸어요. 온종일 말 한마디 하지 않는, 마치 수도승 같은 과학자였지요. 그래서 은둔형 외톨이라는 웃지 못할 별칭이 붙었어요. 실험하고 논문 쓰는 것밖에 몰랐던 외골수 과학자 캐번디시는 과학을 사랑하는 한 인간이 대체 어디까지 관심사를 넓힐 수 있는가를 보여 줬습니다. 그는 수학과 과학 정책, 화학 분야 이외에도 대기의 구성, 전기적 인력과 척력을 지배하는 법칙, 입자의 운동과 열의 관련성 등을 설명했어요. 특히 지구의 밀도를 측정했던 캐번디시 실험은 대중적으로도 잘 알려져 있지요.

캐번디시는 자연에 대한 호기심과 궁금증을 해결하기 위해 끊임없이 가설을 세우고, 실험하고, 기록했어요. 이런 순수함과 근면함으로 원소를 찾아 가는 긴 역사에 자신의 이름을 새겼지요. 그는 우주에 없어서는 안 되는 원소인 수소를 발견했습니다. 물론 '수소'라는 이름을 직접 지은 것은 아니지만요. 캐번디시는 어떻게 수소를 발견했을까요? 그가 발견한 수소는 지구상에서 가장 가벼운 원소지만, 그 발견 과정은 결코 가볍지 않아요. 18세기 초 캐번디시의 연구실로 찾아가 볼까요?

현자 중 최고 부자, 부자 중 최고 현자

캐번디시는 1731년 영국의 귀족 가문에서 태어났어요. 어려서부터 실험실에서 아마추어 과학자이자 영국 왕립학회 회원이었던 아버지를 도우며 자연스럽게 수학과 물리학, 화학에 관심이 생겼지요.

캐번디시는 과학계에 이름을 알리기 전에 케임브리지 대학교에서 공부했지만, 학위를 따기 며칠 전에 학교를 그만뒀어요. 대체 왜 그랬을지 궁금하지만 정확한 이유는 전해지지 않아요. 은둔자처럼 생활한 탓에 캐번디시의 개인적인 삶의 기록이 거의 남아 있지 않기 때문이에요.

캐번디시는 집안의 유산을 모두 물려받았어요. 말 그대로 억만장자였지요. 프랑스의 물리학자이자 수학자 장 바티스트 비오는 캐번디시를 '현자 중 최고 부자, 부자 중 최고 현자'라고 칭하기도 했어요. 그만큼 돈도 많고 지혜롭기도 했다는 뜻이지요. 사망 당시 캐번디시는 영국 은행에 가장 많은 돈을 예치한 사람이었어요. 하지만 그의 생활은 보통 귀족들과는 달랐어요. 겉치장에 관심이 없어 매일 똑같은 옷을 입는 단벌 신사로 유명했지요. 그의 관심사는 오직 과학뿐이었고 연구에 돈을 아끼지 않았어요. 런던 저택에 대장간까지 갖춰진 실험실을 만들었고, 실험

H. Cavendish

캐번디시의 초상화

조수를 고용했지요. 그리고 최신 기구와 재료가 가득한 실험실에서 오직 과학 연구를 위한 삶을 살았답니다.

사람을 만나는 게 지독하게 부끄럽다

캐번디시는 무척이나 내성적이고 수줍음이 많았어요. 다른 사람과의 대화를 힘들어했는데, 특히 잘 모르는 사람들과 이야기 나누는 것을 불편해했지요. 누가 뭘 물으면, 상대방의 얼굴을 보지 않고 허공을 보며 중얼거릴 때가 많았어요. 심지어 멀리서 여성이 다가오면 재빨리 도망쳤다고 해요.

왕립학회 모임에서도 그는 구석에 앉아 있다가 모임이 끝나면 서둘러 나가기 바빴어요. 누군가의 질문에 대답이라도 하려 들면, 갑자기 날카로운 목소리가 튀어나오기도 했지요. 상황이 이렇다 보니 그와 말을 섞기 위해서는 '캐번디시가 얼굴을 아는 남자 과학자'여야 한다는 소리가 나올 정도였답니다.

그뿐 아니라 캐번디시는 자신의 집에서 일하는 하인조차 만나길 꺼렸어요. 특히 가정부를 뽑을 때는 자신과 절대 마주치면 안 된다는 조건을 걸었고, 캐번디시와 마주치면 바로 해고였지요. 이런 면모는 캐번디시를 괴팍하고 쌀쌀맞은 괴짜 과학자로 보이게 했어요. 훗날 정신과 전문의 올리버 색스는 캐번디시의 전기를 읽고, 그가 아스퍼거 증후군을 앓았을 것이라 추측했습니다.

아스퍼거 증후군

자폐 스펙트럼 장애 중 하나로, 또래보다는 어른과 어울리거나 홀로 지내는 것을 선호하며, 경직된 사고방식을 가지고 있다. 타인의 마음을 잘 이해하지 못하는 성향이 합쳐져 오해를 사기도 한다.

하지만 캐번디시가 사교 모임에 전혀 참석하지 않은 것은 아니었어요. 매주 열린 왕립학회의 저녁 모임에는 50년 동안 거의 빠지지 않고 참석했지요. 무엇이든 한 가지에 꽂히면 끝을 보는 게 캐번디시 같은 위대한 과학자의 특징이랍니다!

'산소'의 존재를 모르던 시절

예나 지금이나 사람들은 자기가 눈으로 본 것을 믿는 경향이 있지요. 이를테면 물을 오래 끓이면 용기 안에 거뭇거뭇한 앙금이 남는 것을 본 18세기 이전 사람들은 물을 흙으로 바꿀 수 있다고 믿었어요. 엄밀하게 말하면 당시의 화학은 보이는 현상을 그럴듯하게 설명하는 방식이지 지금과 같은 체계적인 학문은 아니었어요.

18세기 후반에는 '공기 화학'이 대세였습니다. 과거 화학자들은 우리가 흔히 말하는 기체를 '공기'라고 불렀어요. 학자들은 공기 중에서 무엇인가 타는 모습을 보고 '불'에 관심을 가졌지요.

그리고 불의 정체를 밝혀내기 위해 물질이 타는 '연소'와, 금속이 재로 변하는 '하소'를 연구했어요.

당시 물질이 불에 타는 현상을 가장 효과적으로 설명한 이론은 플로지스톤 이론이었습니다. 독일의 과학자 게오르크 슈탈은 물질이 탈 때, 그 안에 있는 플로지스톤이 공기 중으로 방출된다고 주장했지요. 그리고 이 때문에 불이 생겨난다고 했어요.

플로지스톤 이론은 무거운 나무가 가벼운 재로 바뀌는 이유를 그럴듯하게 설명해 주었어요. 물질이 탈 때 무엇인가가 빠져나온다는 생각은 연소 외에 식물의 광합성이나 동물의 호흡 같은 현상에도 적용되었어요. 플로지스톤 이론은 꽤 체계적으로 보였고, 그 나름대로 이론적 설득력도 가지고 있었지요. 사실 연소, 광합성, 호흡 등은 현대 과학의 관점에서 보면 모두 산소가 관여하는 작용이에요. 하지만 산소의 정체를 알지 못했던 18세기의 대다수 학자들은 플로지스톤 이론을 따랐으며, 캐번디시도 마찬가지였습니다.

순수한 플로지스톤을 찾아서

1766년에 캐번디시는 선배 과학자들처럼 아연, 구리, 주석과 같은 금속과 산을 반응시켰어요. 금속과 산이 반응하자 즉각 기체가 나왔지요. 그는 유리병에 모은 기체를 조심스럽게 동물의 방광으로 옮겼어요. 당시에는 흔히 동물의 방광을 기체를 모으는 주머니로 이용했거든요. 여기까지는 특별한 게 없었지요.

사실 주목할 만한 것은 캐번디시의 실험 태도였어요. 캐번디시는 자신의 실험 과정을 아주 자세히 기록했습니다. 반응하는 물질의 양을 측정하고, 반응 결과 만들어진 기체의 양을 실험 회차마다 측정했지요. 그리고 여러 차례 실험한 결과의 평균값을 기록했어요. 캐번디시의 수학적 통계 기법은 프랑스의 수학자 라플라스도 놀랄 만큼 정밀했답니다. 또한 이것은 캐번디시가 후세 연구자들에게 위대한 자연과학자로 평가받는 이유 중 하나이기도 해요.

캐번디시는 반응하는 금속의 양에 따라 발생하는 기체의 양이 달라지고, 황산이나 염산 등 산의 종류를 바꿔도 똑같은 기체가 방출된다는 것을 알아냈습니다. 그는 다른 과학자들과 마찬가지로 이 기체가 금속으로부터 빠져나와 공기로 들어간다고 생각했어요.

"금속과 산이 반응했을 때, 기체가 나오는 것을 어떻게 설명할 수 있을까?"

캐번디시는 플로지스톤 이론을 떠올렸지요.

"금속에는 플로지스톤이 많이 포함되어 있어. 산이 금속을 공격하니까 금속은 금속회(금속재)가 되고 플로지스톤이 빠져나오는 거야."

캐번디시는 금속과 금속회를 산에 녹이는 실험도 해 봤어요. 결과는 어땠을까요? 금속은 산과 반응하며 뽀글뽀글 기체를 내뿜었지만, 금속회는 산과 만나면 거품이 나지 않고 녹았지요.

이때 캐번디시의 뇌리에 한 가지 생각이 번뜩였어요.

"이 기체가 바로 순수한 플로지스톤일지도 몰라."

캐번디시와 동시대의 학자들에게는 순수한 플로지스톤을 찾고자 하는 열망이 있었어요. 플로지스톤 이론이 일반적으로 받아들여졌지만 순수한 플로지스톤이 관찰된 적은 없었기 때문이지요.

그는 금속에서 유리된 '이 기체'에 플로지스톤처럼 가연성이 있는지 살펴보려 했어요. 시험관 속에 모인 기체에 조그만 불꽃을 가져가자 '퍽' 소리를 내며 탔어요.

"기체가 이런 소리를 내며 타는 것을 보니 이것은 가연성 기체다. 오! 이것은 플로지스톤이야. 순수한 플로지스톤!"

지식 더하기

가연성
비교적 낮은 온도에서 쉽게 불이 붙는 성질을 말한다. 대표적인 가연성 물질로는 수소, 메테인, 알코올, 석유 등이 있다.

금속 → 금속회(산에 녹는다) + 플로지스톤(불타는 성질이 있다)

캐번디시는 커다란 희열을 느꼈어요. 자신이 이제껏 사람들의 생각 속에만 존재하던 플로지스톤을 순수하게 추출했다고 믿었지요. 그러고는 불이 붙는다는 뜻에서 이 기체에 '가연성 공기'라는 이름을 붙였고, 그 특징도 알아냈어요. 가연성 공기는 대기보다 11배, 물보다는 8,760배 가볍다는 것을요.

캐번디시는 자신의 실험 과정을 〈인위적으로 조성한 공기에 대한 세 편의 논문〉에 상세히 적었어요. 이 논문의 1부가 바로 '가연성 공기'에 대한 연구예요. 가연성 공기는 오늘날 우리가 알고 있는 '수소'입니다. 캐번디시는 이 논문으로 왕립학회가 수여하는 최고의 상인 코플리 메달을 받았으며, 과학계에 이름을 날리기 시작했답니다.

색도, 맛도, 향도 없는 이슬의 정체

캐번디시는 한동안 물리학으로 눈을 돌렸어요. 1771년부터 10년간은 수많은 전기 실험을 했는데, 이때 남긴 실험과 논문은 현대 전기 이론에 매우 중요한 기초가 되었습니다. 그가 다시 기체 연구에 몰두하게 된 것은 1781년 영국의 화학자 프리스틀리와 그의 동료 월타이어의 연구 결과를 본 후였어요.

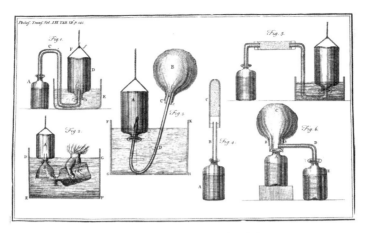

캐번디시가 수소를 발견할 때 사용했던 실험 장치

부피 3파인트(1.7리터)의 밀폐된 구리 용기 속에 보통 공기와

가연성 공기의 혼합물을 넣고, 전기로 불꽃을 일으키면

폭발이 일어난다. 그런데 공기가 빠져나올 수 없도록 단단히

밀봉했음에도 실험을 하고 나면 항상 약 2그레인(0.13그램) 정도

무게가 감소했다. 유리 용기에서 다시 실험을 하자, 그 전에는

깨끗하고 건조한 상태였던 유리 안쪽에 즉각 이슬이 맺혔다.

이 대목에서 캐번디시의 눈이 번뜩였어요. 그는 월타이어의
실험을 더 큰 부피로, 여러 번에 걸쳐 해 봤지요. 그 결과 실험 후
질량은 크게 감소하지 않았고, 대기와 수소의 혼합물을 폭발시
킬 때 용기 안쪽에 물방울이 맺힌다는 걸 확인했어요.

'이슬은 대체 무엇일까?'

앞선 연구에서 이에 대한 언급이 있는지 살펴봤지만, 찾을 수 없었어요. 특유의 꼼꼼하고 정밀한 성격 때문이었을까요. 캐번디시는 모호한 것을 참을 수 없었지요. 그는 색도, 맛도, 향도 없는 이슬의 정체를 찾아 실험을 반복했고, 결국 이 액체가 '순수한 물'이라고 결론지었어요. 그리고 이렇게 기록했답니다.

가연성 공기 423이면 보통 공기 1,000을 플로지스톤으로 만드는 데 충분하다. 이 이슬은 '가연성 공기'와, 대기의 5분의 1을 구성하는 플로지스톤이 제거된 공기(산소)가 결합하여 생성된 순수한 물이다.

캐번디시의 계산 결과를 보면, 기체 혼합물 전부를 물로 바꾸는 데 필요한 수소와 산소의 비율은 423:208입니다. 물(H_2O)을 만들 때 수소(H)와 산소(O)가 결합하는 부피의 비율이 실제로 2:1임을 생각해 보면 오차가 거의 없는 수치예요.

물론 캐번디시는 가연성 기체, 즉 수소가 물을 만들어 내는 '원소'라고 생각하지는 않았어요. 하지만 물 자체는 원소가 아니며 두 가지 물질이 혼합하여 이루어진다는 것을 실험으로 증명했지요. 그는 1784년에 물에 대한 실험과 이론적 해설을 정리한 논문을 영국 왕립학회 학회지에 발표했어요.

한편 프랑스의 화학자 라부아지에는 캐번디시의 실험을 재현했어요. 그리고 똑같은 결과를 얻었지만, 이를 자신만의 이론으로 설명하려 했지요. 캐번디시가 플로지스톤 이론에 기반을 두고 현상을 설명하려 했던 것과는 달리 라부아지에는 가연성 공기에 '수소hydrogen'라는 이름을 붙였습니다. 고대 그리스어에서 물을 지칭하는 'hydro'와 무엇을 낳거나 만든다는 뜻을 가진 'gène'을 합쳐 만든 단어예요. 즉 수소는 '물을 만드는 자'라는 뜻입니다.

캐번디시의 위대한 유산

1785년에 캐번디시는 실험을 통해 공기 중 질소의 존재를 알게 되었어요. 질소와 산소가 만나 질산으로 변한다는 사실을 밝히기도 했지요. 그런데 실험을 할 때마다 캐번디시를 당황하게 만든 사실이 있었어요. 보통 공기에서 플로지스톤이 된 기체(질소)를 완전히 제거했는데도, 항상 극소량의 공기가 수상적은 거품처럼 남아 있었던 거지요. 정밀한 실험의 대가였던 캐번디시는 풀지 못한 수수께끼를 자신의 실험 노트에 써 놓았어요. 알려지지 않은 기체가 원래 부피의 약 120분의 1을 차지한다고 측정치까지 친절하게 적어서 말이지요.

긴 시간이 흐른 후, 화학을 좋아하던 대학생 윌리엄 램지는

1851년에 발행된 캐번디시의 전기를 읽었어요. '수상쩍은 거품' 이라는 표현은 램지의 흥미를 끌었고, 램지는 화학자가 되어 그 정체를 끈질기게 추적했지요. 이것은 다른 원소와 화학 반응을 일으키기 어려운 비활성기체 중 가장 먼저 발견된 아르곤이었어요.

캐번디시는 너무나 내성적이었고, 마치 과학의 왕국에 고립된 것 같은 삶을 살았어요. 다른 사람보다 무언가를 먼저 발견하고 먼저 예견했다는 역사적 업적에는 신경 쓰지 않았지요. 그는 자연현상을 관찰하고 과학적으로 해석하는 것에 인생을 바쳤어요. 그리고 이 위대한 과학자는 후대를 위해 유산을 남겨 놓았습니다.

캐번디시가 세상을 떠난 후, 가문의 전통에 따라 그의 유산은 가장 가까운 친척에게 전달되었어요. 그의 조카뻘인 윌리엄 캐번디시는 케임브리지 대학교에 '캐번디시 연구소'를 만들었지요. 과학에 헌신한 헨리 캐번디시의 뜻을 기리고 과학 발전에 이바지하기 위해서였어요. 캐번디시 연구소는 체계적인 실험 연구의 중심지가 되었어요. 캐번디시 연구소의 첫 소장 맥스웰은 공개되지 않은 캐번디시의 연구 논문을 편집하여, 시대를 앞서간 그의 연구를 세상에 알렸습니다.

캐번디시 연구소 옛 건물 입구

우주에 가장 풍부한 원소부터 인류가 처음 사용한 금속까지

수소(H)

원자 번호 1번. 모든 원소 중 우주에 가장 풍부하게 존재한다. 일반적인 온도와 압력에서는 수소 기체(H_2) 형태를 띠고 있다. 지구상에서 수소 원자는 산소와 결합하여 물(H_2O) 분자를 이루고 있다. 연소할 때 오염 물질을 만들지 않고 물만 배출해서 최근 새로운 에너지원으로 주목받고 있다.

철(Fe)

원자 번호 26번. 선박, 자동차, 건축물, 전자 기기 등을 만드는 데 사용되며 현대 사회에 없어서는 안 될 금속이다. 철은 산소와 결합하여 검붉은 녹을 만든다. 철 원자는 혈액 속 헤모글로빈에 들어 있고, 우리 몸에 산소를 공급하는 중요한 역할을 한다.

구리(Cu)

원자 번호 29번. 인류가 사용한 최초의 금속이다. 오렌지색 광택을 가지고 있으며, 얇게 펴서 넓은 판으로 만들기 편리하다. 은 다음으로 전기 전도도가 높아 전선으로 사용된다. 강한 살균 작용을 해서 항균 필름의 재료로 쓰이기도 한다.

아연(Zn)

원자 번호 30번. 녹는점 420℃로 금속치고는 비교적 낮은 온도에서 녹는다. 순수한 아연은 밝은 회색이고, 공기 중에 노출되면 산소나 이산화탄소와 빠르게 반응하여 어두운 회색으로 변한다. 아연은 지각에 24번째로 많이 포함되어 있고, 철분 다음으로 우리 몸에 많이 들어 있다. 몸속에서 세포 분열에 관여한다.

주석(Sn)

원자 번호 50번. 녹는점이 낮고 무른 금속이다. 청동기 시대부터 구리와 주석을 합금해 청동을 만들었다. 청동은 원래는 진한 갈색을 띠는데 녹이 슬면 초록색으로 변해서 '청동'이라고 부른다. 철판에 주석을 도금한 것을 양철이라고 부른다.

산소_발견 아닌_발명

근대_화학_혁명가

이 공기를 '산소'라 부르면 어떨까?

논리와 대범함을 모두 갖추고
나라 행정에도 관여한

ENTJ

산소를 '발명'한 화학자

↓

앙투안 라부아지에

1743~1794

프랑스의 화학자

중학교 과학 교과서에 나오는 인물 중에는 과학 법칙을 처음 발견한 사람들이 있어요. 대표적인 과학자가 앙투안 라부아지에입니다. 라부아지에는 '질량 보존의 법칙'으로 유명해요. 이는 화학 반응이 일어날 때 반응 전 물질의 총 질량과 반응 후 생성된 물질의 총 질량은 같다는 법칙이에요. 물질을 이루는 원자의 종류와 개수가 변하지 않고, 원자의 배열만 달라지기 때문이지요. 원자 하나하나를 전자현미경으로 볼 수 있는 오늘날에는 너무나도 당연한 상식이지만, 이것을 18세기에 과학 실험으로 증명한 화학자가 라부아지에입니다.

라부아지에는 흔히 산소를 발견한 화학자로 알려져 있어요. 그런데 순수하게 산소를 발견한 시점을 놓고 보면 늘 논란이 뒤따르지요. 산소의 발견에는 세 명의 과학자가 얽혀 있습니다. 영국의 화학자 프리스틀리는 1774년 산화수은을 가열해 산소를 발견했어요. 하지만 이 기체가 얼마나 중요한지 알아채지 못했지요. 스웨덴의 셸레 역시 1772년에 산소가 방출되는 실험을 하고 보고서에 결과를 남겨 놓았지만, 1777년까지 자신의 실험을 발표하지 않았어요. 라부아지에는 1774년에 산소를 발견하고, '산소'라 이름 지었지요. 그래서 산소를 발견한 게 아니라 '발명' 했다는 평가를 받기도 합니다.

세상에 한꺼번에 불쑥 이루어지는 것은 없어요. 온갖 시행착오가 쌓여 역사를 만들듯 산소 발견 역시 실패와 도전의 연속이었지요. 어찌 보면 세 과학자 모두에게 공로가 있다고 할 수 있겠네요. 자, 이제 자식을 한 명도 남기지 않은 라부아지에가 어떻게 '근대 화학의 아버지'가 되었는지 그의 삶을 따라가 보겠습니다.

과학자와 공무원, 두 마리 토끼를 잡다

라부아지에는 프랑스 파리의 부유한 법률가 집안에서 태어났어요. 집안의 전통을 따르기 위해 법학을 공부했지만, 수학·지질학·천문학·생물학 과목을 틈틈이 수강하며 과학에 관심을 가졌지요. 학교를 졸업하고 진로를 결정해야 할 순간이 왔을 때, 라부아지에는 결국 과학자의 길을 택했답니다.

1776년 프랑스 과학 아카데미는 도시의 가로등을 효과적으로 밝히는 방법을 제안하는 공모전을 열었어요. 라부아지에는 가로등에 어떤 연료를 쓸지, 심지 모양은 어떻게 할지, 어떻게 하면 경제적 가치를 더 높일 수 있는지 등 가로등에 관한 상세한 연구 보고서를 제출했지요. 비록 공모전에서 일등을 한 것은 아니지만, 그의 보고서는 심사위원의 흥미를 끌었어요. 이 공모전에서 메달을 받으며 라부아지에는 처음으로 과학계에 이름을 알렸지요. 그리고 스물다섯 살이 되던 해에 프랑스 과학 아카데미의 최연소 회원으로 선출되었어요.

프랑스 과학 아카데미 회원은 급료를 받으며 정부를 위해 연구를 수행하는 일종의 공무원이었는데, 라부아지에는 유능한 행정가로 입지를 다졌어요. 한편 1771년에는 징세 청부인 주식을 사들였어요. 징세 청부인이란 국가를 대신하여 세금을 거둬들이는 민간 기업을 말해요. 라부아지에는 직접 세금을 걷으러 돌아다니지는 않았지만, 감독자로서 1년에 10만 프랑씩 벌어들였어요. 이 돈으로 그는 평생 편안하게 연구 활동을 했지요.

라부아지에는 세금 징수 감독관의 딸 마리 폴즈와 결혼했어요. 마리는 남편의 든든한 조력자가 되었습니다. 영어를 모르는 남편을 위해 영어 논문을 프랑스어로 번역하고, 실험 장치를 그림으로 그리는가 하면, 실험 과정을 보고서로 남겨 놓았어요.

자크루이 다비드가 그린 〈라부아지에와 그의 부인〉

앙투안 라부아지에

라부아지에가 화학을 연구하는 데 아내 마리가 큰 역할을 한 셈이에요.

1775년부터 라부아지에는 화약을 만드는 국가 기관에서 활동하며 프랑스의 화약 제조 과정을 크게 개선했어요. 그는 지금의 아스널 지역에 위치한 프랑스 병기창 안에 초대형 실험실을 차렸어요. 실험실에는 30명이 넘는 사람들이 모여 실험을 볼 수 있었고, 성능 좋은 저울과 실험 도구가 가득했어요. 라부아지에의 영향으로 실험실과 가까운 곳에 질 좋은 유리로 된 실험 기구를 제작하는 가게들도 생겨났지요. 그의 실험실에는 유명한 학자들이 몰려들었어요.

측정만이 답을 알려 준다

라부아지에는 매일 실험실에서 시간을 보냈어요. 출근하기 전 오전 2시간 동안, 퇴근 후에는 저녁을 먹고 늘 밤 9시에서 11시까지 실험을 했지요.

라부아지에는 물에 관심을 기울였어요. <u>아리스토텔레스의 4원소설</u>에 따르면 물은 세상을 이루는 기본 원소 중 하나였어요. 이는 많은 사람이 믿고 있는 신념 같은 것이었지요.

특히 당시 사람들은 물을 오래 끓이면 흙으로 바뀐다고 믿었는데, 라부아지에는 납득이 가지 않았어요. 의심을 해결할 방

아리스토텔레스의 4원소설

만물의 근원은 물, 흙, 불, 공기라는 4원소로 구성되어 있다는 이론이다. 아리스토텔레스는 4원소에 뜨거움, 차가움, 습함, 건조함과 같은 성질이 어떻게 조합되느냐에 따라 원소가 다른 원소로 변할 수 있다고 주장했다.

법은 객관적인 증명뿐이었지요. 그는 정밀한 저울로 물과 투명한 유리 용기의 정확한 무게를 재고, 용기에 물을 담았어요. 이때 사용한 물은 무려 8번이나 증류한 것이었습니다. 밀폐하고 101일이 지나자, 유리 용기 바닥에 앙금이 가라앉았어요. 라부아지에는 물의 무게, 유리 용기의 무게, 앙금의 무게를 모두 다시 측정했어요. 실험 결과 유리 용기의 무게는 줄어들었고, 물의 무게는 줄어들지 않았어요.

"새로 만들어진 앙금은 유리 용기의 성분이 녹아 나온 거야. 유리에 불순물이 없으면 앙금은 생기지 않지. 결국 물질은 생성되거나 파괴되지 않고 단지 형태가 바뀔 뿐이야."

실험을 통해 질량 보존의 법칙을 확인한 거예요.

다음 연구 대상은 공기와 불이었지요. 그는 '기체'로 눈을 돌렸어요. 플로지스톤 이론에 따르면 물질을 태울 때에 플로지스톤이 빠져나가니까 결과적으로 타고 나면 가벼워져야 했는데, 어떤 물질은 태우면 오히려 무거워진다는 것이 문제였어요. 플

파리 국립기술공예박물관에 전시된 '라부아지에의 실험실'

로지스톤 이론은 왜 그런 예외가 생기는지 설명하지 못했어요. 게다가 플로지스톤은 눈에 보이지 않고 실체가 없어서 화학자들마다 다른 의미로 해석했지요. 상황에 따라 물질이 되었다가, 무게가 되기도 하고, 불의 원리가 되기도 했어요. 논리적인 라부아지에에게 플로지스톤 이론은 너무 모호해 보였지요. 라부아지에는 모호함에서 벗어나기 위해 모든 것을 측정하기로 마음먹었어요.

생명의 공기, 산소

라부아지에는 황과 인을 연소하는 실험을 했어요. 그는 늘

그래 왔듯 실험에 사용할 모든 시료의 무게를 쟀고, 실험을 하는 장소의 온도까지 측정했어요. 온도에 따라 기체의 부피가 변한다는 것을 알고 있었으니까요.

"플로지스톤 이론에 따른다면 연소할 때 플로지스톤이 빠져나오니까 무게는 감소해야 해. 하지만 실험 결과는 정반대군. 오히려 무게가 늘어났어!"

더욱이 납의 금속재(일산화납)를 숯과 함께 태우면, 무게가 감소하면서 일정량의 공기를 방출했어요. 라부아지에는 이 공기가 무엇인지 정확하게 알아내지 못했지요.

"정말 흥미로운 결과야. 대체 왜일까? 이 문제의 답을 알아낸다면 화학에 혁명이 일어날지도 몰라."

1772년 11월 1일, 라부아지에는 자신의 미완성인 실험 결과를 적은 편지 한 통을 프랑스 과학 아카데미에 맡겼어요. 과학자로서 누가 먼저 증명했는가 하는 문제에 부딪혔을 때 우선권을 얻기 위해서였지요. 라부아지에는 아직 모든 것을 설명할 만큼 충분한 지식을 얻지 못했기 때문에 언젠가 완벽하게 설명할 수 있을 때가 오기를 바라면서 실험을 계속했어요.

라부아지에에게 답을 찾을 결정적 힌트를 준 사람은 영국의 과학자 프리스틀리였어요. 1774년 프리스틀리가 프랑스에서 열린 라부아지에의 만찬에 참석했을 때였지요.

"우리 집에 12인치나 되는 큰 볼록렌즈가 있어요. 나는 그걸로 이런저런 물질을 가열해 봅니다. 하루는 붉은색 수은재를 오랜 시간 가열했더니, 수은재가 수은으로 바뀌면서 어떤 공기가 나오더군요. 그 공기는 꺼져 가는 양초도 다시 타오르게 했습니다."

프리스틀리는 플로지스톤 이론을 확고하게 믿는 학자였어요. 그는 자신의 생각을 이렇게 설명했지요.

"이 공기의 특성을 볼 때, 플로지스톤이 제거된 공기가 아닌가 생각합니다. 플로지스톤이 사라지면 불은 계속 탈 수 있으니까요. '탈脫플로지스톤 공기'라고 부를 수 있겠네요."

그의 말이 틀린 것은 아니었어요. 플로지스톤 이론으로 보면 연소가 일어날 때 플로지스톤이 방출되는데 공기가 플로지스톤으로 꽉 차서 더는 플로지스톤을 흡수할 수 없게 되면 불이 꺼지는 것이었지요. 그러니까 만약 공기에서 플로지스톤을 제거하면 연소는 멈추지 않고 계속될 거라고 본 거예요. 아는 만큼 보인다고 했던가요. 라부아지에는 프리스틀리가 말한 기체에서 결정적인 힌트를 얻었어요.

두 달 후, 라부아지에는 프리스틀리가 한 수은 실험을 재현해 보았어요. 그는 거위 목 형태로 구부러진 플라스크에 수은 4온스(113.4그램)를 넣고, 내부 공기를 50세제곱인치(819.35세제곱센티미터)가 되도록 조절한 후 병 표면에 수위를 표시했어요. 그러고 나서 도가니에 불을 피워 수은을 가열했지요. 이틀이 지나자 액체 상태 수은 표면에 붉은 반점이 생기기 시작했어요. 액체 수은이 수은재(산화수은)로 변한 것이었어요. 12일이 지나자 수은은 완전히 붉은색 가루로 변했답니다. 그리고 공기 부피는 원래 부피의 5분의 4가 되었어요.

"공기는 3.5그레인(0.23그램) 줄어들었어. 수은재의 무게는 3.5그레인(0.23그램) 증가했군. 줄어든 공기의 무게와 증가한 금속의 무게가 같아!"

라부아지에는 여기서 그치지 않고, 이 반응의 역반응도 진행했어요. 붉은색 가루가 된 수은재를 플라스크에 넣고 더 높은 온도로 며칠 동안 가열한 거예요. 그러자 뿌연 증기가 피어오르며 플라스크 내부에 액체 수은이 방울방울 맺히기 시작했지요. 산화수은에서 수은으로 변하는 반응이 끝났을 때, 무게는 3.5그레인이 줄어들었고 내부 공기는 같은 양만큼 증가했어요. 프리스틀리의 말대로 이 기체는 꺼져 가는 양초를 되살렸어요. 또한 이 기체를 들이마시면 상쾌한 기분이 느껴졌지요.

"이 공기를 생명의 공기vital air라고 부르자."

1775년 4월 라부아지에는 프랑스 과학 아카데미에 관찰 결과를 발표했어요. 그리고 1777년 이 기체에 산소라는 이름을 붙

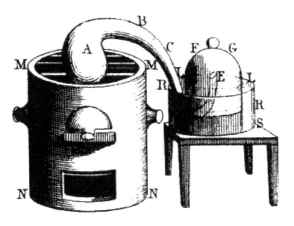

라부아지에의 산화수은 열분해 실험을 나타낸 그림

였습니다.

그가 관찰한 바로는 인, 황, 질산, 숯과 같은 물질은 산소와 만나 산^{acid}이 되었어요. 그러니까 '산을 형성한다'는 뜻에서 '산소^{oxygen}'라고 이름 지은 거예요. 그리스어로 산을 뜻하는 'oxy'와 낳는다는 의미를 가진 'gène'을 합성한 단어였지요.

지식 더하기 ⊗ ⊖ ⊗

산^{acid}
라부아지에가 실험한 산은 인산(H_3PO_4), 황산(H_2SO_4), 질산(H_2NO_3), 탄산(H_2CO_3)이다. 라부아지에의 이론은 염산(HCl)과 같이 산소를 포함하지 않은 산의 경우에는 들어맞지 않는다. 산성의 본질은 산소(O)가 아니라 수소 이온(H^+)이기 때문이다.

이후에도 라부아지에는 연소와 호흡, 열 등 산소로 설명되

는 여러 현상을 연구했어요. 플로지스톤 이론 없이도 연소를 완벽하게 설명할 수 있는 새로운 연소 이론을 찾기 위해서였지요.

"연소를 일으키는 것은 플로지스톤이 아닙니다. 플로지스톤 이론은 모든 면에서 잘못되었어요."

라부아지에의 혁명적인 이론은 과학자들 사이에서 논란이 되었습니다. 특히 프리스틀리와 셸레는 끝까지 라부아지에의 연소 이론을 받아들이지 않았어요. 하지만 라부아지에는 오히려 편견 없이 과학을 배우려는 젊은이들이 자신의 이론을 받아들이고 있다며 만족스러워했지요.

라부아지에는 화학 물질의 이름을 어떻게 지을지도 고민했어요. 그때까지만 해도 화학 물질의 이름은 대부분 마치 암호문처럼 느껴졌거든요. 예컨대 황산은 '독한 기름', 붕산은 '홈베르크를 진정시키는 염'이라고 불렸어요. 라부아지에는 과학이 논리를 확보하려면 과학자가 사용하는 언어 역시 논리적이어야 한다고 생각했지요. 1787년 《화학 명명법》이라는 책에서 라부아지에는 화합물이 어떤 원소를 포함하는지, 어떤 조합으로 만들어졌는지를 말해 주는 이름이 필요하다고 주장했어요. 오늘날 우리가 사용하는 체계적인 화학 명명법은 여기에서 시작되었어요.

1789년 라부아지에는 《화학 원론》이라는 교과서를 써서 새로운 산소 이론과 명명법을 널리 알렸습니다. 이 책은 프랑스를 비롯한 세계 각국에서 중요한 화학 이론서가 되었어요. 이 책에서 라부아지에는 원소를 '실험을 통해 더 이상 분해되지 않는 물질'로 정의했어요. 이것은 오늘날까지 원소의 개념으로 사용되고 있지요. 또한 라부아지에는 실험 결과로부터 33종의 원소를 네 종류로 분류하여 발표했어요. 이는 원소 주기율표를 찾아가는 여정의 시작이라 할 수 있답니다.

사실 라부아지에의 실험은 다른 과학자의 실험보다 한발 늦은 것으로 보여요. 산소는 프리스틀리와 셸레가, 수소는 캐번디시가 먼저 찾아냈지요. 그런데도 왜 라부아지에를 '근대 화학의 아버지', '18세기 화학 혁명의 지도자'라고 칭하는 것일까요?

그것은 발견된 물질, 즉 산소가 정확하게 어떤 의미를 갖는지 해석한 그의 혁명적인 시각 때문이에요. 셸레는 연소 현상의 본질을 이해하지 못하고 산소를 '불 공기'라 불렀어요. 프리스틀리 역시 연소 현상을 플로지스톤 이론에 이리저리 끼워 맞춰 설명했고 산소를 '탈플로지스톤 공기'라 불렀지요.

라부아지에는 자신의 실험 결과를 온전히 신뢰했고, 그 결과에서 도출된 결론만을 믿었어요. 널리 알려진 통념이 진짜 과

TRAITÉ
ÉLÉMENTAIRE
DE CHIMIE,

PRÉSENTÉ DANS UN ORDRE NOUVEAU

ET D'APRÈS LES DÉCOUVERTES MODERNES,

PAR M. LAVOISIER.

Nouvelle édition, à laquelle on a joint la Nomen-
clature Ancienne & Moderne, pour servir à l'in-
telligence des Auteurs ; différens Mémoires de
MM. Fourcroy & Morveau, & le Rapport de
MM. Baumé, Cadet, Darcet & Sage, sur la
nécessité de réformer & de perfectionner la No-
menclature Chimique.

Avec Figures & Tableaux.

TOME PREMIER.

A PARIS,

Chez CUCHET, Libraire, rue & hôtel Serpente.

M. DCC. LXXXIX.

《화학 원론》의 표제지

앙투안 라부아지에

학적인가를 끊임없이 의심했어요. 이것은 새로운 과학 정신이었습니다.

100년이 지나도 나오지 않을 머리

18세기 후반의 화학 혁명과 함께 1789년에는 프랑스 혁명이 시작되었어요. 과학 아카데미를 비롯한 여러 위원회에서 공적을 세운 라부아지에에게 시련이 닥쳤지요. 당시 프랑스에서 가장 문제가 된 것은 가난한 이들을 억압한 세금 징수였어요. 혁명가들은 세금 징수업자를 증오했다고 해도 과언이 아니었지요. 혁명 정부는 세금 징수로 부를 쌓은 스물여덟 명을 본보기로 단두대에서 처형하기로 했는데, 그 안에 라부아지에도 포함되었어요.

라부아지에는 자신이 얼마나 나라를 위해 열심히 일했는지 항변했지만 소용없었어요. 그가 세금 징수업 덕에 부유하게 살아왔다는 것은 부정할 수 없는 사실이었으니까요. 라부아지에는 결국 1794년 5월 8일 퐁피두 광장에서 처형되었어요.

그 머리를 자르는 것은 한순간이지만, 100년이 지나도 그런 머리는 나오지 않을 것이다.

수학자 라그랑주는 세상을 떠난 친구 라부아지에를 생각하며 이렇게 한탄했어요. 라부아지에가 처형된 지 1년 반이 지나자 완전히 잘못된 처벌이었다는 여론이 일기 시작했어요. 라부아지에의 장례식은 1796년 8월 2일 파리 시민 약 3,000명이 참여한 가운데 다시 치러졌습니다.

공기의 8할부터
액체 상태의 금속까지

질소(N)

원자 번호 7번. 공기의 약 80%를 차지하는 질소 기체(N_2)가 되는 원소이다. 인, 칼륨과 함께 3대 비료 성분 중 하나이다. 인체를 이루는 단백질의 기본 단위인 아미노산 속에 들어 있다. 산소와 결합해서 질소산화물(NO_x)을 만들기도 한다.

산소(O)

원자 번호 8번. 생물이 숨 쉬고 생명을 유지하는 데 꼭 필요한 원소이다. 반응성이 커서 대부분의 물질을 산화시킨다. 산소 기체는 대기의 20%를 차지한다. 산소가 만드는 분자 중 오존(O_3)은 지구 대기 중 성층권에 특히 많이 포함되어 있어 오존층이라고 부른다. 오존층은 지구에 쏟아지는 유해한 자외선 등을 막아 준다.

인(P)

원자 번호 15번. 중세 연금술사들이 소변을 증발시키는 과정에서 발견한 원소다. 인체의 DNA와 세포막을 구성하는 데 반드시 필요하다. 한자 인

(燐)은 '도깨비불'에서 유래했고, 영어 이름 phosphorus는 '빛을 내는 것'에서 유래했다.

황(S)

원자 번호 16번. 주로 화산이나 온천 부근에서 원소 상태로 발견된다. 마늘이 썩는 것 같은 지독한 냄새가 황이 만드는 화합물의 특징이다. 지각에서 일곱 번째로 많은 원소이고 모든 생명체에게 필수적이다. 성인의 몸에는 일반적으로 140g 정도의 황이 들어 있다.

수은(Hg)

원자 번호 80번. 금속 원소 중 유일하게 상온에서 액체 상태로 존재한다. 여러 가지 금속과 결합하여 부드러운 합금을 만들어서 오래전부터 도금에 많이 이용되었다. 수은은 액체 상태에서 휘발하여 독성을 가진다. 수은의 원소 기호 Hg는 '물 상태의 은'을 뜻하는 hydragyrum에서 유래했다.

화학_스타_강사

칼륨_나트륨_발견

마술 쇼보다
신기한 화학 쇼!

쇼맨십과 친화력으로
사람들을 과학의 세계로 이끈

ENTP

3

대중을 위한
과학계의 아이돌

↓

험프리 데이비

1778~1829

영국의 화학자

지금은 과학자라는 말을 흔히 쓰지만, 이 말은 수학자이자 철학자였던 윌리엄 휴얼이 1834년에 만들어 낸 신조어입니다. 과학이라 부르는 지식의 영역이 널리 알려지면서 그 영역을 전문적으로 연구하는 집단을 부르는 단어가 생긴 것이지요. 그렇다면 1834년 이전에는 과학자를 어떻게 불렀을까요? 고대부터 근대까지 과학을 공부한 사람은 철학자^{philosopher}로 불렸어요. 박사 학위를 'Ph. D.'라고 표기하는 것은 여기에서 유래했습니다.

험프리 데이비는 18세기 말 과학계에 혜성처럼 나타나 '화학적인 철학자' 또는 '화학을 연구하는 철학자'로 이름을 날린 과학자예요. 그는 소크라테스나 플라톤이 사람들을 모아 놓고 강연을 펼쳤듯, 대중 앞에서 과학적 지식과 이론을 발표했어요. 데이비는 신기한 화학 실험과 재치 있는 입담, 화려한 무대 매너로 대중을 사로잡았습니다. 아이돌을 보기 위해 팬들이 콘서트장을 찾는 것과 마찬가지로 사람들은 험프리 데이비를 보려고 강연장으로 몰려들었습니다. 평소 과학에 관심이 있었던 사람은 물론이고 과학에 아무 관심 없던 사람들까지도 그의 강연을 듣고 싶어 했어요. 요즘으로 치면 과학계의 '아이돌'인 셈입니다. 대중을 위한 과학을 온몸으로 실천한 험프리 데이비의 이야기 속으로 들어가 볼까요?

라부아지에의 이론에 반박한 당돌한 청년

데이비는 1778년에 영국 펜잰스에서 태어났어요. 그는 건강하고 활동적이며 친구들 앞에서 이야기하기를 좋아했어요. 데이비가 16세가 되었을 때, 목각공이었던 아버지가 돌아가시자 장남인 데이비는 학교를 그만두었어요. 생계를 꾸리기 위해 약제사의 조수로 일했는데, 그는 작업실에서 처음으로 약제사가 화학 실험을 하는 것을 지켜보게 되었어요. 싹싹하게 일을 잘했던 데이비는 일을 마치고 실험을 할 수 있는 기회를 얻었어요. 조금씩 화학에 흥미를 느낀 데이비는 화학 개론서를 찾아 읽었어요. 데이비가 가장 좋아했던 책은 윌리엄 니콜슨의 《화학 대사전》과 라부아지에의 《화학 원론》이었지요.

이 무렵 데이비는 철학과 화학을 독학했고, 시와 수필을 쓰며 나름대로 못다 한 공부를 지속했어요. 비록 정식 교육을 받지는 못했지만, 데이비의 이런 노력은 훗날 그가 명강연자로 이름을 날리는 데 밑거름이 되었어요.

18세기는 근대 화학이 형성되던 시기로 당시 과학계에서는 산과 염기, 염^{salt}에 관한 연구와 불의 정체를 밝히는 플로지스톤에 관한 연구가 활발하게 이루어지고 있었습니다. 데이비는 특히 빛과 열에 관한 라부아지에의 연구에 매료되었지요. 라부아지에는 그의 영웅이기도 했어요.

라부아지에는 열은 곧 물질이라는 '열소 이론'을 펼치고 있었습니다. 하지만 데이비는 이 이론에 동의하지 않았어요. 데이비는 책을 보고 혼자 실험한 결과들을 모아 〈열, 빛, 그리고 빛의 결합에 관하여〉라는 논문을 발표했어요. 인생 첫 논문이었지요. 논문에서 데이비는 얼음을 문질러서 마찰만으로도 얼음을 녹일 수 있음을 보여 주며, 열은 물질이 아니라고 주장했어요.

화학을 독학으로 공부한 청년이 화학의 거장 라부아지에의 이론에 반대하다니, 이는 무척 당돌한 것이었습니다. 논문을 읽은 그레고리 와트(증기 기관을 발명한 제임스 와트의 아들)는 과학에 대한 데이비의 재능을 높이 샀어요. 그래서 데이비의 논문을 브리스틀에 사는 의사 토머스 베도스에게 보냈지요. 베도스는 기체로 사람의 병을 치료할 수 있다고 믿고, 공기 연구소를 설립한 의사였지요. 그는 데이비의 과학적 자질에 감명을 받고, 19살의 데이비를 공기 연구소의 조수로 채용했어요.

런던 과학계의 스타가 되다

데이비는 공기 연구소에서 일산화탄소나 아산화질소 같은 기체를 직접 흡입하면서 특징을 알아내는 일을 했어요. 지금으로서는 너무나도 위험하고 무모한 행동이지요. 게다가 한두 번도 아니고 매일매일 그 일을 했습니다. 당시에는 기체를 직접 들이마시면서 그 특징을 조사하는 게 일반적이었어요.

어느 날 데이비는 실험실에 앉아 커다란 가죽 주머니에 모인 아산화질소를 흡입했습니다. 기체 주머니가 작아질수록 데이비의 몸은 점점 나른해졌지요. 갑작스러운 황홀감이 느껴지며 방안의 모든 소리가 들리는 것만 같았습니다. 기체 들이마시기를 멈추자 몽롱했던 정신이 조금씩 또렷해졌어요.

"자네, 지금 웃는 건가?"

동료가 데이비를 보고 물었어요. 데이비는 거울에 비친 자신의 얼굴을 보고 한 가지를 깨달았어요. 이 기체를 흡입하면 얼굴 근육이 경직돼서 마치 웃는 것처럼 보인다는 것이었지요. 데이비는 아산화질소에 '웃음 가스'라는 별칭을 짓고, 자신이 경험한 마취 또는 환각 효과를 자세히 묘사했어요. 자신을 괴롭히던 사랑니 치통이 사라졌다며, 앞으로 외과적인 수술에 사용하면 좋을 것 같다는 메모를 덧붙여서요.

"사람들에게 이 실험을 보여 주면 어떨까? 약간의 웃음 가스를 들이마시는 것만으로도 무척 재미있어하겠는데?"

예상대로였어요. 사람들은 데이비의 작은 강연회를 보기 위해 줄을 섰지요. 데이비는 금세 펜잰스의 유명 인사가 되었어요. 하지만 그가 쇼맨십으로만 인정을 받은 것은 아니에요. 그는 1800년에 아산화질소에 관한 체계적인 연구 결과를 580쪽에 달하는 논문으로 발표했지요. 학업적 성과와 대중적 인기를 가진 데이비의 명성은 런던까지 전해졌습니다. 데이비는 23살에 왕립 학회 회원으로 추천받았고, 왕립 연구소의 화학 교수로 부임하게 되었습니다.

험프리 데이비는 흥미를 끄는 주제가 생기면 끈덕지게 탐구했고, 대중이 이해하기 쉽게 설명하는 데 큰 재능을 가지고 있

험프리 데이비의 화학 강의 장면을 그린 그림

었어요. 시인, 철학자, 문학가뿐만 아니라 정식 교육을 받지 않은 여성들도 그의 강의에 매료되었어요.

"신기한 과학 실험을 보는 게 진짜 재미있어. 꼭 다른 세상에 온 것 같다니까?"

강연회가 열리는 날에는 왕립 연구소에 사람들이 몰려들었어요. 마차와 사람으로 뒤엉킨 거리는 일방통행으로 바뀌고 나서야 정리가 됐지요. 사람들은 런던에서 가장 인기 있는 이 남자를 '최초의 화학자', '화학의 뉴턴'이라 불렀답니다.

런던에서 가장 매력적인 과학 강연자로 명성을 떨치던 1800년, 데이비는 이탈리아의 물리학자 알레산드로 볼타의 전기화학 실험에 대해 듣게 됩니다. 볼타는 은과 아연판 사이에 소금물로 적신 헝겊을 끼워서 쌓아 두면 전류가 흐르고, 금속판의 수를 늘리면 전류의 양도 증가한다는 사실을 발견했지요. 이처럼 금속판 사이에 전도성을 띠는 전해질 용액을 넣어서 만든 전지를 볼타 전지 또는 볼타 파일이라고 불렀어요.

볼타의 연구 결과가 발표되자, 유럽 과학계 전체가 들썩거렸습니다. 호박에 먼지가 붙게 하는 '정전기'가 전기의 전부였던 시절에 전지로 연속적인 전류를 만들어 낸 셈이니까요. 서로 다른 금속과 전해질의 결합이라는 볼타 전지의 메커니즘이 알려지면서 당대의 수많은 과학자가 자신만의 방법으로 실험을 확장했지요. 전지를 더 많이 쌓으려는 경쟁에 불이 붙기도 했습니다.

"금속판을 연결해서 화학 반응을 하면 전기가 나온다니!"

데이비 역시 볼타의 실험에 커다란 자극을 받았습니다. 데이비는 실험실에 4~6인치 정도 되는 사각형의 구리와 아연판을 황산 수용액에 담가 놓은 250개의 볼타 전지를 설치했어요. 그는 물의 전기 분해 실험부터 차근차근 시작했지요. 물에 전류를 흐르게 하자마자 금속판에 화학 변화가 일어났어요. 알려진 대로 양극에서는 수소 기체가, 음극에서는 산소 기체가 나왔지요.

"물이 아닌 다른 수용액에 전기를 가해 주면 어떻게 될까?"

데이비는 여러 전해질 용액에 전류를 흘려 주며 자세히 관찰하기 시작했어요. 하지만 순수한 물이 분해될 때와 마찬가지로 산소 기체와 수소 기체만 나올 뿐이었지요. 이 발견은 아직 보고된 적 없는 놀라운 것이었지만, 데이비는 그 이유를 설명할 수 없었어요.

"어쨌든 전기가 화학 반응을 일으키는 것은 분명해."

데이비는 전기가 화학적 친화력의 원인이라고 추론했어요. 그리고 1806년에 화합물들을 끌어당기는 힘의 본성이 '전기'라고 발표했지요. 이것은 화학의 기초 원리로 20세기를 관통하는 연구 주제가 되지만, 당시로서는 너무나 새롭고 혁신적인 생각이었어요. 전기와 화학의 관계에 관한 이 중요한 연구 결과를 접한 프랑스 왕립학회는 영국과 전쟁 중이었음에도 황제 나폴레

옹의 이름으로 데이비에게 상을 수여했답니다.

칼륨, 칼슘, 나트륨… 금속 원소 사냥꾼

1807년, 데이비는 전해질 수용액을 전기 분해 하던 기존의
발상을 바꾸었어요. 그는 수분기가 거의 없는 순수한 고체 포타
시를 전기 분해 했지요. 포타시는 지금으로 말하면 수산화포타
슘인데, 보통 잿물을 증발시키고 남은 식물의 재를 말합니다. 과
거 라부아지에는 포타시 분해에 실패해 결국 포타시 자체를 하
나의 원소로 규정하기도 했어요.

하지만 데이비는 수산화포타슘이 단순하게 쪼개지지는 않
지만, 원소가 아니라 화합물일 것이라고 확신했어요. 데이비는
274개의 볼타 전지에서 생산된 엄청난 전류를 포타시 덩어리에
흘려 주었어요. 그러자 양극(+)에서 산소 기체가 보글보글 올라
오고, 음극(-)에서 작은 백색 금속이 반짝거렸지요. 하지만 이 금
속 알갱이는 만들어지자마자 빠른 속도로 타서 사라져 버렸어요.
간혹 보라색 불꽃을 튀기며 맹렬히 폭발하기도 했지요. 데이비
는 음극에서 새로운 원소가 생성된 것을 똑똑히 확인했습니다.

"성공이야, 성공! 포타시가 분해되었다고!"

데이비는 기쁨을 주체하지 못하고 방 안 여기저기를 뛰어
다녔어요. 당시 데이비의 조수로 일했던 사촌 에드먼드는 데이

비가 기쁜 마음을 진정시키고 실험을 계속하는 데 한참이 걸렸다고 회상하기도 했어요. 데이비는 노트에 자신의 실험 결과를 재빨리 적어 놓았고, 커다란 글씨로 '너무나도 중요한 실험'이라고 표시했지요.

데이비는 이 금속을 포타시를 구성하는 원소라는 뜻에서 포타슘이라고 불렀어요. 연구 보고서는 곧 독일어와 프랑스어로 번역되었는데, 포타슘은 독일어로 번역하는 과정에서 재를 뜻하는 독일어 칼리에서 따온 칼륨이 되었습니다. 우리나라에서도 지금까지 포타슘이라는 이름보다는 칼륨으로 잘 알려져 있어요.

데이비는 3일이 채 지나지 않아 또 다른 원소를 발견했어요. 소다를 전기 분해 한 결과였어요. 이번에도 음극에는 반응성이 매우 큰 금속이 만들어졌어요. 데이비는 이 금속이 물에 둥둥 떠다닐 정도로 매우 가볍고 격렬하게 반응하는 성질을 가진다는 것을 발견했습니다. 그리고 소다에서 발견된 이 원소 이름을 소듐(나트륨)으로 지었답니다.

"물에 뜨는 금속이 만들어지다니, 놀랍군."

그의 원소 사냥은 이제 시작이었습니다. 데이비는 이번에는 석회질 물질로 눈을 돌렸어요. 산화수은에 대량의 생석회를 섞었고, 여기서 얻어 낸 합금에서 새로운 금속을 최초로 추출해

냈습니다. 데이비는 이 원소명을 석회를 뜻하는 라틴어 '칼스^{calx}'에서 따온 칼슘^{calcium}이라고 지었어요. 그리고 이후 칼슘과 함께 알칼리 토금속에 속하는 마그네슘, 스트론튬과 바륨을 모두 발견했어요. 데이비는 당대 최고의 과학 강연자이자 원소 수집가로 불릴 만했습니다. 그의 나이 30세였습니다.

탄광 노동자들의 생명을 구한 발명품

1815년 5월, 데이비가 조수 마이클 패러데이와 대륙 횡단 여행을 마치고 돌아왔을 때, 데이비는 광산업자에게 시급한 문제를 해결해 달라는 부탁을 받았습니다.

"광산에서 램프만 켜면 갑자기 폭발이 일어나서 목숨을 잃는 광부가 한둘이 아닙니다. 영국 전역에 있는 광산이 문을 닫아야 할 판입니다."

데이비는 자신의 화학 지식으로 사람들에게 도움을 주는 것을 크나큰 기쁨이라고 여기며 즉각 탄광에 방문했어요. 탄광 안에는 메테인이나 일산화탄소와 같은 가연성 가스가 가득했는데, 광부들이 전등을 켜면 이러한 가스가 엄청난 폭발을 일으키는 것이었지요. 데이비는 실험실에서 불꽃과 폭발 현상에 관한 연구를 했어요. 그리고 공기의 7~8배 정도 되는 인화성 기체가 섞였을 때 가장 폭발적으로 반응한다는 사실과, 불꽃은 작은 구

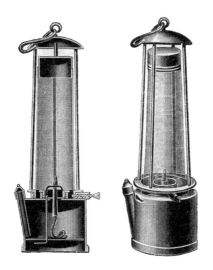

광산에서 사용된 데이비의 안전등

멍을 통과하지 못한다는 사실을 알아냈어요.

"램프를 촘촘한 그물 철망으로 감싸 주기만 해도 불꽃이 철망 바깥으로 새 나가지 못하는군."

램프의 불꽃이 생성되는 부위에 두른 금속 망은 불꽃의 열기를 흡수하고, 인화성 기체와 불꽃이 만나는 것 자체를 막아 주었어요. 그의 해법은 쉽고 간단하며 경제적이었어요. 데이비는 이 원리를 바탕으로 2주 만에 안전등을 만들어 냈지요. 데이비의 안전등은 수많은 탄광 노동자의 생명을 구했습니다.

데이비는 이후에도 불꽃에 관한 연구를 계속했고, 〈불꽃에

영국 콘월에 있는 험프리 데이비의 동상

관한 새로운 연구〉라는 논문을 발표하기도 했어요. 데이비의 조수 마이클 패러데이 역시 데이비의 뒤를 이어 불꽃에 관한 연구를 했고, 훗날 '촛불의 화학사'라는 유명한 강연을 펼칩니다.

데이비는 이러한 업적을 바탕으로 1818년 영국 남작 작위를 받았어요. 과학 분야에 대한 공로로 작위를 받은 사람은 데이비가 최초였답니다.

소금의 재료부터
불꽃놀이의 붉은빛까지

소듐(Na)

원자 번호 11번. 나트륨이라고도 한다. 지각에 여섯 번째로 많은 원소다. 바닷물 1세제곱미터에는 10킬로그램 이상의 소듐 이온이 녹아 있다. 비중은 0.97로 물보다 가볍다. 칼로 자를 수 있을 만큼 무른 은백색의 금속으로 물과 반응하여 수소를 방출하는데, 이 수소에 불이 붙어 폭발적으로 반응한다. 공기를 차단한 갈색 석유 병에 보관한다. 소금(염화소듐), 베이킹파우더(탄산수소소듐), 비누를 만드는 가성소다(수산화소듐)의 재료가 된다.

마그네슘(Mg)

원자 번호 12번. 바닷물에 염화마그네슘($MgCl_2$)의 형태로 많이 들어 있다. 식물의 엽록소 중심에 들어 있는 대표적인 금속 원소이다. 300가지 이상의 생화학적 반응에 쓰이므로 사람 몸에도 꼭 필요하다. 마그네슘 분말은 폭발적인 빛을 만들어 내는 폭죽에 활용되기도 한다.

포타슘(K)

원자 번호 19번. 칼륨이라고도 한다. 소듐과 함께 동물의 신경 신호 전달에 핵심적인 역할을 한다. 성인 몸에는 약 140그램 정도의 포타슘 이온(K^+)이 녹아 있다. 포타슘의 화합물 중 가장 악명 높은 것은 영화에서 독약으로 많이 쓰이는 사이안화칼륨(KCN), 일명 청산가리다.

칼슘(Ca)

원자 번호 20번. 암석에 포함되어 있는 중요한 칼슘 화합물로는 탄산칼슘($CaCO_3$)이 있다. 이는 석회석과 대리석의 주성분이 된다. 탄산칼슘을 함유한 암석을 가열하여 이산화탄소를 배출시키면 산화칼슘(CaO)이 남는데, 이것은 건축에 많이 쓰이는 시멘트의 재료이다. 뼈와 치아를 구성하는 주요 성분으로 성인 몸에 1킬로그램 정도 존재한다.

스트론튬(Sr)

원자 번호 38번. 스트론튬 화합물은 불꽃놀이에서 환한 붉은 빛을 내는 데 이용된다. 스트론튬의 화학적 성질은 칼슘의 화학적 성질과 비슷해서 뼈나 치아에서 칼슘을 대체할 수 있다. 최근 골다공증 환자의 치료를 위한 약물에 쓰이고 있다. 30개 이상의 동위 원소가 알려져 있고, 이 중 스트론튬-90은 원자로나 원자폭탄의 핵분열 과정에서 만들어진다.

원소_기호_정리
셀레늄_토륨_발견

실험실에서
맞는 아침이
가장 상쾌하지.

15세부터 독립해 밤낮없이
연구한 끝에 꿈을 이뤄 낸

ISTJ

수소는 H,
산소는 O

↓

옌스 베르셀리우스

1778~1829

영국의 화학자

"수헬리베붕탄질오프네(H, He, Li, Be, B, C, N, O, F, Ne)⋯."

무슨 소리냐고요? 이것은 원소 기호를 외우는 소리입니다. 화학이라는 커다란 왕국에서 원소 기호는 공용 언어나 마찬가지이지요. 하지만 이것들을 모조리 외우려면 보통 힘든 게 아닙니다. 그러니 원소의 한글 이름과 알파벳을 소리 나는 대로 어떻게든 조합해서 쉽게 암기하려는 것이지요.

"아, 대체 이걸 누가 만든 거냐고!"

마치 암호 같은 글자를 무작정 외우다 보면 원소 기호를 만든 사람이 원망스럽기도 하지요. 지금 우리가 쓰는 원소 기호를 만들어 낸 사람은 스웨덴의 화학자 옌스 베르셀리우스입니다. 베르셀리우스는 화학의 발전을 위해 다방면으로 노력했던 과학자예요. 그의 저서 《화학 교과서》는 화학을 공부하는 학생들에게 중요한 교재가 되었지요. 원소 기호 역시 학생들과 연구자들이 쉽게 원소의 이름을 이해하고 표현하게끔 만든 규칙이랍니다. 그는 화학의 여러 측면에서 새로운 것을 만들어 냈어요. '단백질'이나 촉매와 같은 용어를 만들기도 했고 비커와 유리 깔때기, 거름종이 등 현대에까지 쓰이고 있는 여러 실험 도구를 발명하기도 했지요. 화학이 체계를 갖춘 하나의 학문이 되는 데 공헌한 바가 크답니다.

지식 더하기

촉매

촉매는 '닿을 촉(觸)'과 '중매할 매(媒)'가 더해진 말로, 물질이 화학 반응 하는 동안 자신은 변하지 않으면서 반응 속도를 변화시키는 물질을 뜻한다. 반응 속도를 빠르게 하면 정촉매, 느리게 하면 부촉매라고 한다.

돌 속 원소를 찾아라

베르셀리우스는 네 살 때 아버지를 잃었습니다. 어머니와 결혼한 새아버지에게서 든든한 지원을 받았지만, 어머니 역시 곧 세상을 떠났습니다. 그는 15세에 새아버지에게서 독립해 가정교사로 일하며 공부를 이어 나갔지요. 불우한 가정환경에서 자랐지만 학업을 포기하지 않았고, 1796년 스웨덴 웁살라 대학교 의학과에 입학했습니다. 웁살라 대학교는 이미 셸레와 간, 가

돌린 같은 학자들의 활발한 연구로 자연과학 분야에서 명성을 떨치고 있었어요. 베르셀리우스는 대학에서 물리학과 화학 강의를 들으며 과학에 관심을 가지게 되었지요.

1800년에 볼타의 전기화학이 소개되었을 때, 웁살라 대학교에서는 볼타 파일을 재현하는 실험을 진행했어요. 새로운 과학 실험을 직접 본 베르셀리우스는 강한 호기심을 느꼈습니다. 그리고 자기만의 전지를 만들었지요. 그는 학생이었기 때문에 값비싼 은 대신 구리를 이용한 전지를 만들었습니다.

연속적으로 전류를 생성하는 장치를 보며 베르셀리우스는 의학적 차원에서 이를 활용하는 방법, 즉 전기 자극을 주어 환자의 병을 고치는 방법을 찾으려 했어요. 전기화학에 기초한 그의 실험은 큰 성과를 내지는 못했지만, 이후 베르셀리우스의 화학 연구 전반에 큰 영향을 미쳤답니다.

베르셀리우스가 살았던 18세기에는 광산업이 나라의 발전에 토대가 되는 산업이었어요. 당시의 화학은 쉽게 말해 '돌' 속에 어떤 광물이 들어 있는지 밝히고, 암석 속의 원소를 찾아내며 발전했다고 해도 과언이 아니지요. 베르셀리우스 실험 역시 광산학과 깊은 연관이 있습니다. 베르셀리우스는 대학을 졸업하고 스톡홀름의 한 연구소에서 조교 생활을 했어요. 그가 하숙하던 집의 주인은 젊고 부유한 광산업자 빌헬름 히싱어였어요. 히싱어는 광산에서 채취한 무거운 암석이 어떤 성분으로 이루어졌는지를 연구하고 있었지요. 1803년 베르셀리우스는 히싱어를 도와 세슘(Ce)을 발견했어요. 음전하를 띤 물질은 양극에 끌려가고, 양전하를 띤 물질은 음극에 끌려간다는 전기화학적 원리를 이용한 결과였지요. 베르셀리우스는 이후 일평생 셀레늄(Se), 토륨(Th), 규소(Si)와 같은 원소들을 발견하고, 순수한 상태로 분리하기도 했어요.

'화학 왕국'의 공용어

1807년 웁살라 대학교의 약학 교수가 된 베르셀리우스는 대학에서 화학을 가르치게 되었어요. 그는 곧 화합물을 표시하는 방법이 나라마다, 학자마다 달라 학생들이 화학을 체계적으로 배우는 데 큰 어려움이 있다는 것을 깨달았습니다. 베르셀리우스는 학생들이 화학을 쉽게 배우도록 하기 위해 《화학 교과서》를 집필했어요.

당시에는 영국의 과학자 돌턴의 원소 기호에 기초해서 물질을 표현했는데, 동그라미 안에 문자나 무늬를 더해 원소를 구별하는 방법이었습니다. 돌턴의 원소 기호는 어떤 물질이 어떻게 결합되었는지까지 나타낼 수 있어 편리했어요. 동그란 기호들을 결합한 수만큼 붙여 주면 됐으니까요. 하지만 원을 연속적으로 그리는 방법이다 보니 커다란 한계가 있었어요. 조금이라도 복잡한 물질을 그릴 때면 포도송이처럼 주렁주렁 원소들을 그려야 해서 정확성이 떨어졌답니다.

"원소 기호를 쓰기 쉽고 이해하기 쉽게 만들 수는 없을까?"

베르셀리우스는 더 직관적인 원소 기호를 만들고 싶었어요. 원소의 이름을 짓는다고 생각하자 베르셀리우스는 어렸을 때부터 존경한 생물학자 칼 폰 린네의 생물 명명법이 떠올랐습니다. 린네는 라틴어를 바탕으로 여러 생물에 고유의 학명을 붙였어요.

"원소 기호도 원소의 라틴어 이름을 기준으로 하면 어떨까?"

베르셀리우스는 라틴어 이름의 머리글자를 따서 원소의 이름을 나타냈어요. 예를 들어 수소는 Hydrogenium의 첫 글자를 따서 H, 산소는 Oxygenium의 O로 표기했어요. 또한 비금속 원소는 하나의 문자로 표기하고, 금속 원소는 두 번째 글자까지 표기하도록 했어요. 예컨대 비금속 원소인 탄소는 Carbonum의 첫 글자 C로 표시하고, 금속 원소인 칼슘은 Calcium의 Ca가 되는 식이었지요.

화합물의 조성을 표현할 때 원소의 개수를 아라비아 숫자로 표기하는 것 역시 베르셀리우스가 확립한 체계였습니다. 베르셀리우스의 표기법으로 하면 수소 두 개와 산소 하나로 이루어진 물은 H^2O입니다. 탄소 한 개와 산소 두 개로 이루어진 이

산화탄소는 CO^2가 됩니다. 현대의 표기법과는 위첨자가 아래첨자로 바뀐 차이만 있어요.

1811년 베르셀리우스는 자신이 만든 표기 방식을 널리 알렸어요. 물론 처음부터 큰 지지를 얻은 것은 아니었어요. 하지만 베르셀리우스의 원소 기호는 쓰기 쉽고 인쇄하기도 쉬워서 많은 화학자가 즐겨 쓰게 되었습니다. 전 세계의 학자들이 그의 제안을 받아들이는 데 오랜 시간이 걸리지는 않았어요.

이로써 화학은 '화학의 왕국'에서 통용되는 고유의 언어를 갖게 되었습니다. 베르셀리우스의 원소 기호 표기 방법은 지금 새로 발견되는 원소에도 적용되고 있어요.

불길한 붉은 찌꺼기의 정체

1817년, 베르셀리우스는 스웨덴 그립스홀름에 있는 황산 제조 공장에 투자를 하게 되었습니다. 당시 황산은 강철을 생산하는 데 꼭 필요한 원료였어요. 베르셀리우스는 질 좋은 황산을 만들어 강철의 생산량과 품질을 높이는 데 관심을 기울이고 있었지요. 공장을 방문한 베르셀리우스는 한쪽 구석에 붉은 찌꺼기가 쌓여 있는 것을 보았습니다. 그것이 무엇인지 묻자 뜻밖의 대답이 돌아왔어요.

"이상하게 파룬 지역의 황철석(황산을 만드는 원료가 되는 광물)

을 사용하고 나면 꼭 저런 붉은 찌꺼기가 나옵니다. 혹시 비소가 섞였을지 몰라 저렇게 모아 놓았습니다. 일꾼들 모두 파룬 지역의 황철석을 쓰기 싫어해요."

공장 책임자는 고개를 절레절레 저었어요. 파룬은 구리 광산으로 유명한 스웨덴의 도시였어요. 비소는 적은 양으로도 목숨을 앗아 갈 수 있는 독성 물질이지요. 정말 비소가 들어 있다면 유독한 증기 때문에 일꾼들의 생명이 위험했어요.

베르셀리우스는 붉은 찌꺼기의 정체를 밝히기 위해 공장 옆 작은 실험실로 향했습니다. 붉은 찌꺼기를 가열하니 금세 푸른 불꽃이 일었고, 솟아오르는 연기에서 코를 찌르는 냄새가 났지요. 그건 황의 냄새처럼 지독했어요.

"이런, 이건 냄비에서 무가 타는 것 같잖아."

무라고? 순간 베르셀리우스의 머릿속에 퍼뜩 떠오르는 게 있었지요. 그것은 독일의 광물학자 클라프로트가 기록한 텔루륨의 특징이었어요. 베르셀리우스는 이 물질이 황이나 텔루륨일 가능성을 염두에 두고 실험을 반복했습니다. 하지만 이 물질은 은백색으로 금속의 광택을 가지고 있어서 노란색을 띠는 황과 분명 달랐어요. 그렇다고 텔루륨이라고 결론 내리기에는 결정적 단서가 부족했지요.

"텔루륨이 광물에서 나왔다는 건 매우 이례적인 일이야. 그렇다면 다른 물질일 가능성은 없을까?"

한 달 동안의 그립스홀름 생활을 마치고, 베르셀리우스는 스톡홀름에 있는 자신의 실험실에 도착했어요. 돌아와서도 연구를 멈추지 않았지요. 그는 이 물질이 완전히 새로운 원소라는 것을 증명하기 위해 원자량을 계산했습니다. 산소의 원자량을 100으로 놓고 그것을 기준으로 삼았어요. 베르셀리우스가 계산한 이 물질의 원자량은 495.91이었어요.

지식 더하기

원자량

원자 1개의 질량이 너무 작으므로 원자의 질량은 바로 측정할 수 없다. 그러므로 기준이 되는 원소를 정해 놓고 상대적으로 그 원소에 비해 얼마나 가벼운지 또는 무거운지를 측정한 값이 원자량이다. 현대에는 질량수 12인 탄소 원자를 기준으로 한다.

"이 물질은 텔루륨과 성질이 비슷하지만 원자량이 달라. 붉은 찌꺼기 안에는 새로운 원소가 들어 있는 게 분명해!"

그는 새로운 원소를 발견했음을 직감하고, 그 이름을 생각했습니다.

"텔루륨은 지구를 의미하는 그리스어 'tellus'에서 이름을 땄으니, 이 물질은 달의 여신 셀레네의 이름을 따 지으면 되겠어. 그래, 셀레늄이 좋겠다!"

끈질긴 집념으로 셀레늄을 발견한 순간이었어요. 원소를 발

다른 물질과의 화학 반응으로 생성된 붉은색 분말 형태의 셀레늄

견하기 위한 베르셀리우스의 부단한 노력은 이후에도 멈추지 않았습니다. 베르셀리우스는 이후 토륨, 지르코늄, 타이타늄을 발견했어요. 또한 규소를 최초로 분리하는 데 성공하기도 했지요. 게다가 그의 제자들이 리튬과 바나듐을 발견하는 데도 큰 도움을 주었어요.

아침을 여는 연구자

베르셀리우스는 그전까지 광물 속 성분을 밝혀내기 위한 수단으로 여겨졌던 화학을 하나의 학문으로 발전시키는 데 큰 영향을 미쳤어요. 그는 화학자나 광물학자가 평생 하나 찾기도 힘든 원소를 몇 개나 발견하고, 실험을 통해 그것의 원자 질량까지 정확히 밝혀냈지요. 또한 2,000여 개 물질의 화학 구조를 밝혀내고, 당시에 알려진 49개의 원소 중 45개의 원자 질량을 계산해 정리했습니다. 베르셀리우스의 명성을 들은 세계 각지의 연구자들은 그에게 아직 알려지지 않은 시료를 보내 분석을 의뢰하기도 했습니다.

어느 날 베르셀리우스는 광물학자 에스마르크 교수가 보낸 편지와 검은 암석 덩어리를 받았어요. 에스마르크의 아들이 노르웨이에서 새로운 암석을 발견했는데, 이를 분석할 방법을 찾지 못했다는 것이었지요. 베르셀리우스는 분석을 위해 암석의 일부를 녹이는 작업부터 시작했어요. 하지만 암석은 좀처럼 녹아들지 않았답니다. 녹는점이 높은 시료는 산화물을 만드는 것부터 쉽지 않았지요. 그러니 순수한 원소 자체만 뽑아내는 일은 난관의 연속이었어요. 하지만 실험대 위에서 불이 사그라들 새 없이 실험은 계속되었습니다.

"교수님, 그만 포기하시지요. 아무리 해도 순수한 원소가 분리되지 않습니다."

제자가 푸념했지만, 베르셀리우스는 서두르지 않았어요. 기대하지 않은 답이 나와도 당황하지 않았지요. 그는 꾸준한 연구와 노력은 결국 진실의 문 앞에 자신을 데려다준다는 것을 믿고 있었어요.

"성공이다!"

1828년 베르셀리우스는 마침내 또 하나의 새로운 원소를 발견해 냈고, 고대 스칸디나비아 신화에 나오는 천둥의 신 토르^{Thor}의 이름을 따서 토륨^{Thorium}이라고 이름 지었습니다.

동료 교수들은 베르셀리우스를 '새벽을 지나 아침을 여는 연구자'라고 불렀어요. 그가 늘 근면하게 연구한다는 의미이기도 했고, 근대 화학의 발전에 공헌한 덕분이기도 했습니다. 혼자 살면서 화학 연구에 매진했던 베르셀리우스는 1835년 스웨덴 내각 장관의 딸과 결혼했어요. 스웨덴 국왕은 결혼식 날에 베르셀리우스에게 남작 작위를 하사했습니다. 베르셀리우스는 1848년 세상을 떠난 이후 지금까지 스웨덴에서 가장 존경받는 과학자 중 하나입니다.

스웨덴 스톡홀름에 세워진 베르셀리우스 동상

옌스 베르셀리우스

우울증 치료제부터
암을 유발하는 원소까지

리튬(Li)

원자 번호 3번. 1세제곱센티미터당 0.53그램(0.53g/cm³)으로 가장 밀도가 낮은 고체 원소다. 칼로 잘라서 쓸 수 있다. 돌을 뜻하는 리토스lithos에서 따온 이름이다. 가볍고 단위 질량당 전류량이 많아서 스마트폰과 노트북 등 충전이 가능한 리튬 전지에 활용된다. 의학적으로는 우울증 치료제로 쓰인다.

바나듐(V)

원자 번호 23번. 화려한 색깔의 화합물이 특징이다. 당기는 힘에 강하면서도 잘 부식되지 않는 강철을 만드는 데 활용된다. 베르셀리우스의 제자 제프스트룀이 발견했다.

셀레늄(Se)

원자 번호 34번. 인체에 꼭 필요한 원소로 우리 몸속에서 여러 가지 효소 작용에 관여하고, 세포 내부가 손상되는 것을 막아 준다. 하지만 너무 많이 섭취하면 오히려 독이 될 수 있다. 셀레늄은 어두울 때 전기가 잘 통하지 않지만, 빛을 가하면 전기가 잘 통하는 광전도성이라는 성질을 가진다. 그래서 카메라와 복사기의 중요 부품인 감광 드럼에 이용되기도 한다.

텔루륨(Te)

원자 번호 52번. 은백색의 준금속(금속과 비금속의 중간)이다. 빛을 비추면 전기 전도도가 달라진다. 주기율표의 같은 족에 있는 황이나 셀레늄처럼 아주 작은 양으로도 독한 냄새를 풍긴다. 텔루륨은 지각에 금과 비슷한 양이 존재하는 희귀한 원소이다.

세륨(Ce)

원자 번호 58번. 노란색을 띠는 은회색의 금속이다. 마찰시키면 저절로 불이 붙는 자연 발화성을 가지고 있어서, 강철에 섞어 부싯돌이나 라이터 톱니를 만드는 데 사용된다. 베르셀리우스는 1801년에 발견된 소행성 세레스Ceres의 이름을 따서 이 원소의 이름을 지었다.

토륨(Th)

원자 번호 90번. 방사능을 가진 방사성 원소다. 녹는점이 1750℃ 정도로 높아 용접용 전극을 만드는 데 사용된다. 토륨은 불에 쉽게 타고 화학적으로 독성이 강해 암을 유발할 위험이 높은 원소다.

분젠 버너_분광기_발명

세슘_루비듐_발견

내가 발견한 게
아니라 자연이
알려 준 거요.

자신의 업적을 과시하지 않고
평생 학문에 헌신하며 동료와 협업한

INFJ

5

빛에 정체를
드러낸 원소들

↓

로베르트 분젠

1811~1899

독일의 화학자

로베르트 분젠은 특유의 유머 감각과 친절한 태도로 학생들과 동료들에게 인기가 많았어요. 학문적 성과도 대단해서 '분젠을 따르는 추종자'들이 생겨날 정도였어요. 주변에서 그런 그에게 왜 결혼을 하지 않았느냐고 묻자, 그는 '학문과 결혼했다'고 말했지요. 분젠은 새벽에 일어나 일과를 정리했고, 아침에는 학교에 출근했습니다. 오후에는 실험실에서 연구를 했고, 저녁을 먹은 후 산책을 한 다음 다시 실험실로 돌아왔지요. 이러한 일상은 그가 70세가 되어서도 변하지 않았답니다.

그는 무기화학과 유기화학, 지질학, 공학 등 관심 분야가 매우 넓고 실험을 통해 결론을 도출하는 것을 중요하게 여겼어요. 필요한 유리 기구를 직접 만드는 것은 물론이고, 실험을 하면서 떠오르는 아이디어를 바탕으로 여러 발명품을 만들기도 했습니다. 탄소 배터리(1841)와 분젠 버너(1857), 분광계(1860), 얼음 열량계(1870)나 증기 열량계(1887) 등이 대표적이에요. 그중 분젠 버너와 분광기의 발명은 원소 발견의 역사에 중요한 획을 그은 사건이었어요. 19세기와 20세기에 새로 발견된 원소의 절반은 빛을 이용해서 원소를 찾아내는 분광기로 찾아낸 것이었답니다. 분광기와 **분광학**의 발전은 분석화학과 천체물리학, 광학, 천문학 등 과학의 세부 영역이 발전하는 토대가 되었습니다.

실험실 사고로 한쪽 눈 시력을 잃다

1811년 독일에서 태어난 로베르트 분젠은 괴팅겐 대학교에서 화학과 광물학, 수학을 공부했어요. 습도계에 관한 연구로 19세에 박사 학위를 받고, 이듬해 정부 장학금으로 프랑스와 오스트리아, 스위스 등지를 방문하는 연구 여행을 떠날 기회를 얻었습니다. 약 1년 반 동안 분젠은 화산이나 간헐천 같은 자연 지형을 직접 체험하고 광산과 여러 연구자의 실험실을 방문했어요.

당시 만났던 게이뤼삭, 리비히, 베르셀리우스, 베버 같은 학자들과 평생 교류를 이어 나갔지요.

분젠은 1833년 괴팅겐 대학에서 화학 강사로 일하기 시작했습니다. 연구 경력 초기에 분젠은 비소 화합물에 관심을 가졌어요. 예나 지금이나 비소는 독살에 사용되는 약물로 악명을 떨치는 원소지요. 비소의 산화물인 아비산(삼산화이비소)은 우리나라 사극에도 종종 등장하는 사약의 대표 성분입니다. 하지만 비소의 유명세에 비해 물질의 화학적 특성은 알려진 바가 거의 없었어요. 워낙 유독한 물질이기 때문이지요.

청년 시절 분젠은 비소를 기반으로 한 카코딜 화합물 연구에 매진했어요. 악취가 나는 곳을 따라가다 보면 그 끝에는 늘 분젠이 있다는 말이 나올 정도로요. 분젠은 비소 용액에 산화철 수화물을 첨가하면, 비소와 철이 만나면서 비소가 가라앉는다는 사실을 발견했어요. 이것은 혈액 속에 축적된 비소를 빼내는, 즉 비소를 해독할 수 있는 원리가 되었습니다.

지식 더하기 ⊗ ⊖ ⊘

카코딜

카코딜의 이름은 '냄새가 고약한'이라는 뜻을 가진 그리스어에서 왔다. 매우 불쾌한 냄새를 가진 무색의 맹독성 액체로 화학식은 $C_4H_{12}As_2$이다. 공기 가운데에서 자연 발화 연소하여 이산화탄소, 물, 삼산화이비소를 생성한다.

분젠은 만져 보거나 맛을 보는 직접적인 관찰을 통해 카코딜 화합물의 특징을 알아냈어요. 냄새를 맡기만 해도 혀가 까맣게 변하고, 즉각적으로 손과 발이 떨리는 등 신경계에도 영향을 미친다고 기록했어요. 이런 위험천만한 연구를 하며 분젠은 생명을 잃을 뻔한 사고를 많이 당했습니다. 대표적인 것이 1843년에 벌어진 폭발 사고인데, 실험 중 비소가 들어 있던 비커가 폭발하는 바람에 분젠은 오른쪽 눈의 시력을 거의 잃었어요. 다행히 그는 자신이 발견한 산화제이철을 비소 중독의 해독제로 사용하고 목숨을 구했지요. 큰 사고 후에 사람들은 그가 카코딜 연구를 그만둘 거라고 했지만, 분젠은 하던 실험을 멈추지 않고 끝까지 마무리했습니다. 이후 분젠은 실험실 환경과 안전에 더욱 관심을 쏟게 되었어요.

분젠 버너, 자유롭게 쓰세요!

현재 우리에게 실험실은 대학은 물론이고, 고등학교와 중학교에서도 과학을 배우고 익히기 위해 꼭 필요한 장소입니다. 하지만 19세기 초까지만 하더라도 실험실은 강연자가 강연을 할 때 보여 줄 실험을 준비하는 장소에 불과했어요. 1850년에 들어서야 연구자가 실험을 수행하고 학생들을 실험 연구자로 키워 내는 장소로 자리매김하게 되었지요. 분젠은 대학의 실험실을

로베르트 분젠

어떤 모습으로 만들어야 하느냐에 관심이 있었어요.

1852년 분젠이 하이델베르크 대학교에 처음 부임했을 때만 해도 대학에 딸린 실험실의 환경은 매우 안 좋았어요. 분젠의 실험실은 오래된 수도원의 식당이었는데, 물을 쓰려면 밖에 있는 펌프를 사용해야 했고 변변한 가열 장치도 없었어요. 1855년 새로운 건물에 실험실을 만들면서, 분젠은 불편한 실험 환경을 개선하고자 했습니다. 무엇보다 그의 관심을 끌었던 것은 실험실에서 쓰는 가열 장치였습니다. 기존 버너는 석유계 연료를 쓰는 탓에 시험 도중에 그을음을 만들었어요.

"원하는 결과를 얻으려면 무엇보다 안전하면서도 강한 열을 낼 수 있는 버너가 필요해."

벤젠이 이런 고민을 하고 있을 때 즈음, 하이델베르크 길거리에는 가스관이 설치되고 있었습니다. 분젠은 실험실에도 가스관을 설치하고, 이를 연료로 한 버너를 만들면 어떨까 생각했어요.

"바닥에 공기구멍을 만들어서 가스의 공기가 점화되기 전에 혼합하면, 더 깨끗한 불꽃을 만들 수 있어."

분젠은 자기 이름을 딴 '분젠 버너'를 설계하고, 하이델베르크 대학교의 기구 제작자 페터 드사가 이를 만들었어요. 분젠 버너는 기존의 버너를 약간 변형한 형태였지만, 그을음이 없는

지금까지도 활용되는 분젠 버너

푸른색 불꽃을 내는 화력 좋은 가열 장치로 인기를 끌었습니다. 과학으로 이윤을 남기지 않겠다는 뜻에 따라 분젠은 1857년 버너의 디자인을 발표하며 특허를 내지 않았어요. 이후 분젠 버너는 유리 작품을 제작하거나 샘플을 가열하고 멸균 처리를 할 때 꼭 필요한 기구로 자리 잡았습니다.

환상의 짝꿍, 분광기를 만들다

과학사에 영향을 미친 분젠의 업적 중 가장 위대한 것은 분광기의 발명입니다. 분광기와 분광학의 발전 뒤에는 분젠과 그의 중요한 동료, 구스타프 키르히호프가 있었어요. 분젠은

로베르트 분젠

1850년에 브레슬라우 대학교에서 일했는데, 그곳에서 물리학자 키르히호프를 만났어요. 분젠은 키르히호프의 강의를 듣고 빛과 물질의 관계에 호기심을 가지게 되었어요. 키르히호프는 분젠보다 15살이나 어렸지만, 나이에 상관없이 둘은 아주 말이 잘 통하는 친구 사이가 되었습니다. 1852년에 분젠은 하이델베르크 대학교의 화학과 교수직을 수락하면서, 키르히호프를 같은 대학의 물리학과장에 추천했습니다. 키르히호프는 분젠을 따라 하이델베르크 대학교로 자리를 옮기고, 1854년에는 분젠과 공동 연구를 했지요. 세기의 연구 앞에서 연구 목적이나 성과를 두고 싸울 법도 한데 분젠과 키르히호프는 아니었어요. 두 과학자는 분광기를 가지고 각자 관심 있는 두 가지 분야를 함께 연구했어요. 그야말로 환상의 짝꿍이었지요.

19세기 사람들은 불꽃 위에 어떤 물질을 놓으면 불꽃이 다른 색으로 변한다는 것을 알고 있었어요. 예를 들어 나트륨이 포함된 소금이 묻은 막대는 노란색 불꽃을 만들었지요. 리튬은 붉은색을, 칼륨은 보라색을 나타냈어요. 이런 특징을 이용해 멋진 불꽃놀이용 폭죽을 만들기도 했어요. 하지만 이것이 과학적으로 어떤 의미를 갖는지 알아내는 것은 다른 문제였어요. 당시 과학자들은 그 의미를 알지 못했습니다.

분젠은 순수한 금속 원소를 분리하는 연구를 하고 있었는

과학 역사 속 환상의 짝꿍, 키르히호프(왼쪽)와 분젠(오른쪽)

데, 리튬과 스트론튬의 불꽃은 둘 다 붉은색이어서 그것만으로
는 세밀한 구별이 힘들었어요. 이 문제로 골머리를 앓고 있는 분
젠에게 키르히호프는 하나의 힌트를 주었어요.

"색깔 유리 대신 프리즘을 쓰면 빛을 더 예리하게 분리할 수
있습니다."

빛을 프리즘으로 분산시키는 것은 뉴턴 이후에 널리 알려
진 실험 방법이었어요. 키르히호프의 말대로 프리즘을 통하자,

로베르트 분젠

두 금속은 서로 다른 스펙트럼을 보여 줬어요. 예컨대 리튬의 빛을 분산시키자 약한 노란색 선 1개와 강한 빨간색 선 1개가 보였고, 스트론튬은 6개의 빨간색 선과 1개의 주황색 선, 1개의 파란색 선을 선명하게 드러냈어요. 한눈에 알아볼 수 있는 매우 직관적인 결과였지요.

"원소가 만들어 내는 스펙트럼이 모두 이렇게 다르다니 정말 놀랍군!"

분젠은 흥분했습니다. 마치 원소들이 자신의 정체를 드러내고 있는 것만 같았습니다.

1859년 두 과학자는 머리를 맞대고 분광기를 만들었습니다. 분광기는 분젠 버너와 유리 프리즘, 빛을 조절하는 거울과 망원경으로 이루어진 장치였어요. 프리즘은 검게 칠해진 상자 속에 자리 잡았어요. 빛이 강할수록 스펙트럼은 명료하게 보였어요. 분젠은 금세 분광기를 활용한 연구에 집중했습니다. 훗날 분젠이 그의 동료에게 쓴 편지에 "새로운 실험 결과에 잠을 이루지 못할 정도로 흥분된다."라고 기록할 정도였지요. 분젠과 키르히호프는 주변에서 볼 수 있는 수많은 시료를 검사했어요. 물, 금속, 돌멩이, 진주, 동물 피부 조직까지 호기심이 생기는 것은 종류를 가리지 않았지요.

분광기와 관련된 재미난 일화도 있어요. 분젠은 늘 담뱃잎

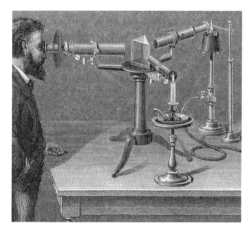

1872년 출판된 책에 실린, 분광기를 들여다보는 사람의 삽화

을 통째로 말아 피우는 시가와 함께했어요. 머리를 쓸 때도 휴식을 취할 때도 시가가 필요하다고 주장했지요. 분젠은 쿠바에서 생산된 시가를 유난히 좋아했어요. 당시 쿠바산 시가는 하이델베르크에서는 매우 귀했는데, 담배 상인이 다른 시가로 바꿔치기해서 팔아도 이를 구별할 방법이 마땅히 없었어요. 그런데 분광기가 발명된 뒤로 이야기가 달라졌습니다. 분젠은 시가를 키우는 쿠바 지역의 흙에 리튬이 많이 함유되어 있다는 사실을 알아냈어요. 실제로 쿠바산 시가 잎을 분광학적으로 분석하자, 리튬의 진한 빨간 선이 보였지요. 그래서 새로운 시가를 구매하는 날이면 그는 어김없이 연구실로 달려갔습니다. 리튬의 빨간색 선이 나오기를 기대하면서요.

분광기의 발명은 당시 과학계에 엄청난 파장을 일으켰습니다. 분광기로 분석하는 것은 무엇보다 간편했어요. 이제 더는 물질의 정체를 밝히기 위해 맛을 보거나 증기를 맡아 본다거나, 끓이거나, 산성 용액에 담가 볼 필요가 없어졌지요.

키르히호프와 분젠은 스펙트럼 분석을 통해 '지금까지 완전히 닫혀 있던 영역'을 화학적으로 탐구할 수 있게 되었다고 보고했어요. 그들이 분광기를 통해 본 모든 것이 새로운 발견이 되던 시절이었습니다.

한편 지질학에 관심이 있었던 분젠은 덴마크 정부의 지원을 받아 아이슬란드 화산에 다녀온 적이 있었어요. 분젠은 화산과 간헐천은 왜 갑자기 터지는지, 일정한 간격을 두고 터지는 온천인 간헐천의 미네랄 성분은 어떻게 만들어지는지 등을 연구했지요.

"온천수 속에는 어떤 원소가 들어 있는 걸까?"

분젠은 당장 온천으로 유명한 독일의 뒤르크하임으로 달려가 온천수를 퍼 왔습니다. 그리고 무려 40톤의 물을 증발시킨 후 약 50그램쯤 되는 잔여물을 긁어모았지요. 소량의 시료를 분광기에 넣자 뜻밖의 결과가 나왔습니다.

"이럴 수가! 푸른 하늘처럼 파란 선이 보이는군!"

455.1나노미터와 459.3나노미터 파장에 해당하는 푸른 선

두 가닥이 보였습니다. 그것은 지금까지 발견된 적 없는 파장의 빛이었어요. 새로운 원소를 발견한 분젠은 청색을 뜻하는 라틴어 'caesius'를 따서 세슘Caesium이라 이름 지었지요.

세슘을 발견하고 몇 달 채 지나지 않아 분젠과 키르히호프는 베를린 아카데미에 또 다른 새로운 원소의 발견을 알렸습니다. 이번 실험 대상은 암석이었어요. 두 과학자는 독일 동부의 작센주에서 가지고 온 레피도라이트(인운모)에서 칼륨이 섞여 있는 염화백금 침전물을 얻었고, 이것을 끓는 물로 여러 번 세척한 끝에 남은 염을 분광기에 넣었습니다. 이렇게 만들어 낸 스펙트럼 역시 이제껏 보지 못한 형태였습니다.

"햇빛 스펙트럼의 가장 바깥쪽에 빨간 선이 보입니다. 매우 진한 빨간색이에요."

분젠과 키르히호프는 새로운 금속의 이름을 가장 어두운 빨간색이란 뜻을 가진 라틴어 'rubidus'에서 따 루비듐Rubidum이라고 지었습니다.

이후 과학자들이 분광기를 가지고 탈륨(1861), 인듐(1863), 갈륨(1875), 게르마늄(1886) 등 희귀한 토금속을 발견하면서 분광화학은 급속도로 발전하게 되었어요.

분광 기기의 발달이 화학의 발전만 이끈 것은 아닙니다. 태양 빛의 스펙트럼선을 실험실에서 분석한 스펙트럼과 비교함으

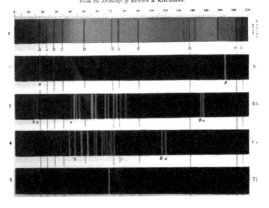

SPECTRA OF THE METALS OF THE ALKALIES & ALKALINE EARTHS.
From the Drawings of BUNSEN & KIRCHHOFF.

(위에서 아래로) 태양, 칼륨, 루비듐, 세슘, 탈륨의 선 스펙트럼

로써 키르히호프는 지구상에 존재하는 몇몇 물질이 태양을 구성하고 있음을 밝혀냈어요.

"별빛의 스펙트럼을 관찰하면 멀리 떨어진 행성이 어떤 원소로 이루어졌는지 알아낼 수 있습니다."

결과적으로 키르히호프와 분젠의 연구는 태양과 같은 천체의 물리학과 화학을 다루는 새로운 분야인 천체물리학을 탄생시켰답니다.

내가 발견한 것이 아니라 자연이 알려 준 것

분젠은 매우 겸손한 과학자였어요. 그는 눈부신 경력을 가지고 있었지만, 새로운 것을 발견하고 발명했을 때 그게 자신의

공로라고 떠벌리는 법이 없었어요. 자신이 무언가를 발견한 것이 아니라, 자연이 그에게 알려 주었다고 표현했습니다.

분젠은 평생 독신으로 살면서 연구와 제자 양성에 몰두했어요. 학기마다 100시간에 걸친 강의를 했고, 기초 실험을 중시했습니다. 그의 삶은 연구실과 강의실 중심으로 이루어졌어요.

그러면서도 분젠은 시간을 내어 키르히호프나 헬름홀츠 같은 친구들과 하이델베르크 근처의 언덕을 산책하는 것을 즐겼습니다. 이것은 일명 철학자의 산책 또는 철학자의 길이라고 불리는데, 아름다운 풍경 속에서 자신의 연구를 정리하고 서로의 아이디어를 나누는 매우 창의적인 시간이었지요. 실제로 분젠은 키르히호프와 산책을 하는 동안 그들의 연구가 협업을 통해 한 단계 더 나아갈 수 있다는 사실을 깨달았다고 해요.

하이델베르크 대학교에서 일하는 동안 세계 각지에서 찾아온 학생들로 분젠의 연구실은 늘 붐볐어요. 주기율표가 만들어지는 데 커다란 역할을 한 두 명의 과학자, 드미트리 멘델레예프와 로타 마이어가 대표적입니다.

분젠은 하이델베르크 대학교에서 문화의 아이콘으로 여겨졌으며, 과학에 대한 그의 순수한 열정은 학생과 동료에게 높은 평가를 받았어요. 분젠은 78세의 나이로 은퇴한 후에도 취미였던 지질학에 전념하다 생을 마쳤습니다.

청색 발광부터
초록색 발광까지

비소(As)

원자 번호 33번. 은백색의 고체처럼 보이는 준금속 원소다. 독살에 사용되는 약물로 유명했지만 19세기 이후에는 비소의 검출 방법이 널리 알려지며 비소를 독약으로 쓰지 않는다. 현대에는 반도체의 주요 재료로 쓰인다.

루비듐(Rb)

원자 번호 37번. 은색의 알칼리 금속으로 공기 중의 수분이나 산소와 잘 반응한다. 지각에는 16번째로 많이 존재하는 원소지만, 반응성이 높아 천연 상태에서는 화합물로만 확인된다. 참고로 붉은빛을 띠는 보석 루비와는 관련이 없다.

세슘(Ce)

원자 번호 55번. 옅은 은백색을 띤다. 반응성이 크고 연해서 쉽게 액체가 되는 알칼리 금속 중 하나다. 물에 잘 녹아 근육에 축적되기 쉽다. 동위원소 세슘-137은 우라늄이 핵분열할 때 가장 많이 생성되고, 사람 몸에 들어가면 암이나 유전 질환을 일으키기도 한다. 세슘-133은 현재 시계의 기본이 되는 세슘 원자시계에 이용된다.

탈륨(Tl)

원자 번호 81번. '초록색 발광'을 뜻하는 그리스어 탈로스^{thallos}를 따와 탈륨이라 부르게 되었다. 1861년 영국의 물리학자 윌리엄 크룩스와 프랑스의 화학자 오귀스트 라미가 발견했다. 독성이 강한 물질이다.

주기율표의_아버지

미지의_원소_예측

> 아직 모른다고 없는 것이 아니라오.

관념에 얽매이지 않고 자유롭게 생각해
후세에 연구 지도를 만들어 준

ENTP

주기율표에 남겨 둔
위대한 빈칸

↓

드미트리 멘델레예프

1834~1907

러시아의 화학자

중학교 과학 교과서에서부터 소개되는 주기율표는 화학을 배우는 사람이라면 누구나 한 번은 보았을 네모난 표입니다. 마치 블록을 쌓아 만든 건물처럼 보이기도 해요. 이름 그대로 주기율에 따라 원소를 배치한 표인데, 여기서 주기율이란 원소를 원자 번호순으로 나열할 때 원소의 성질이 규칙적으로 반복되는 것을 말하지요.

멘델레예프는 현대 주기율표의 원형을 발견한 과학자입니다. 그는 미래 세대의 과학적 세계관을 새롭게 만들어 주었다는 의미에서 코페르니쿠스, 갈릴레오, 뉴턴과 같은 과학자에 견줄 만합니다. 멘델레예프의 주기율표 덕분에 화학이 진정한 과학의 반열에 올랐다고 평가되기도 하지요.

사실 멘델레예프가 주기율표를 발표하기까지는 여러 과학

자의 숱한 시도와 실패가 있었어요. 1700년대에 본격적으로 원소들이 발견되면서 학자들은 이것들이 갖는 유사성에 관심을 가지기 시작했어요. 일찍이 라부아지에는 산소와 반응하여 생성된 물질을 중심으로 원소들을 4개의 그룹으로 분류했지요. 또한 독일의 화학자 요한 되베라이너는 화학적 성질이 비슷한 원소가 세 개씩 쌍을 지어 있는 것을 발견하고, 이를 '세 쌍 원소(1817)'라고 불렀어요. 1866년 영국의 화학자 존 뉴랜즈는 원자량의 순서대로 원소에 번호를 매겼더니 8번째 원소마다 화학적 성질이 비슷하다는 것을 알아챘지요. 그는 음악에서 한 옥타브의 음정이 8도인 것에 착안해 이를 '옥타브의 법칙(1866)'이라고 불렀어요. 하지만 뉴랜즈가 런던 화학협회 총회에서 이를 발표했을 때, 일부 학자들이 장난스러운 연구라고 비하했고 협회는 그의 연구 결과를 출판하지 않기로 했어요. 상처받은 뉴랜즈는 화학계를 떠났고, 그의 연구는 세상에 알려지지 않았어요. 그러나 20년이 지난 후 그는 멘델레예프와 데이비 메달을 공동 수상하며 명예를 회복했지요.

다른 학자들처럼 멘델레예프 역시 원소들이 갖는 일정한 규칙성을 찾으려 노력했어요. 될 듯 말 듯 실패가 이어졌지만, 멘델레예프는 결국 위대한 해답을 찾아냈지요. 그는 노력에 더 큰 노력을 더하는 강인함을 가지고 있었답니다.

우랄산맥을 넘은 어머니의 교육열

멘델레예프는 러시아 시베리아 서쪽 지역의 토볼스크에서 14남매 중 막내로 태어났어요. 아버지는 토볼스크 고등학교의 교장이었는데, 건강이 좋지 않아 멘델레예프가 아직 어릴 때 은퇴해야 했지요. 아버지의 퇴직금은 그 많은 식구가 먹고살기에는 턱없이 부족했어요.

멘델레예프의 어머니는 생계를 위해 외삼촌이 운영하는 유리 공장에 취직했어요. 멘델레예프는 어릴 때부터 형제들과 함께 공장에서 온갖 유리 제품이 만들어지는 것을 보고 자랐어요. 어느 날, 알록달록한 색유리가 멘델레예프의 관심을 끌었어요. 그는 세공 기술자에게 유리의 색깔이 다른 이유를 물었어요.

"철, 크롬, 망간 같은 물질이 들어가면 유리가 멋진 색으로 바뀐단다."

어린 멘델레예프는 더 자세한 내용을 알고 싶었지만 알 수 없었어요. 그저 나중에 그 원리를 알아낼 거라고 다짐할 뿐이었지요.

한편 열세 살 되던 해, 그에게 시련이 닥쳤어요. 아버지가 돌아가시고, 유리 공장이 화재로 잿더미가 되어 버렸지요. 다니던 학교를 그만두고 당장이라도 취직을 해야 할 상황이었어요. 하지만 어머니는 수학과 과학에 재능을 보이는 아들이 학업을 계속해야 한다고 생각했어요. 오히려 어려울 때일수록 러시아 본토로 가서 제대로 된 대학 교육을 받아야 한다고 여겼지요. 형제들은 모두 독립해서 흩어져 살았기 때문에 남은 가족은 어머니와 누나, 멘델레예프뿐이었어요. 그들은 말 한 마리가 끄는 낡은 마차를 타고 우랄산맥을 넘었습니다.

2,000킬로미터가 넘는 여정 끝에 멘델레예프는 모스크바대학에 찾아갔지만, 입학 허가를 받지 못했어요. 모스크바 학군의 고등학교를 졸업하지 않았기 때문이었지요. 가족은 다시 모스크바에서 600킬로미터 떨어진 상트페테르부르크로 발걸음을 옮겼어요. 멘델레예프는 이곳에서 아버지의 옛 친구를 우연히 만나 상트페테르부르크 교육대학교에 입학할 수 있게 되었어요.

긴 여정이 너무 힘든 탓이었을까요. 어머니는 멘델레예프가 대학에 입학하고 얼마 되지 않아 세상을 떠났고, 몇 개월 후 누나 역시 폐결핵으로 어머니를 뒤따랐어요. 멘델레예프는 자신이 공부할 수 있도록 도와준 어머니와 누나의 희생을 가슴에 묻어야만 했지요.

"아들아, 학문을 할 때 먼저 경험하지 않고 추론에 의지해서는 안 된다. 또한 살아가며 말보다 행동을 우선해야 한다. 인내심을 가지고 숭고한 진리를 추구하거라."

멘델레예프는 어머니의 유언을 마음에 새기며 공부에 전념

했어요. 그러다 폐결핵으로 6개월의 시한부 선고를 받았습니다. 그는 죽음의 문턱 앞에서 요양을 떠났고, 오랜 기간 병상에 누워 있었어요. 하지만 시간이 지나며 건강을 회복했고, 그는 다시 공부를 시작했어요.

단순해야 과학이다

1859년 멘델레예프는 정부의 지원을 받아 독일에서 공부할 기회를 얻었어요. 이 시기에 멘델레예프는 주기율표 탄생의 기초가 되는 학문적 경험을 했어요. 먼저 그는 하이델베르크 대학교의 화학자 분젠의 연구실에 들어갔고, 여기서 분젠과 키르히호프가 개발한 분광기의 사용법을 배웠지요. 그것은 말 그대로 유럽을 뒤흔든 최신 과학 기술이었어요.

하지만 멘델레예프는 분젠이 '시키는 대로' 실험을 하는 데 어려움을 겪었어요. 자기만의 방식으로 독립적인 실험을 하는 데 익숙해져 있었기 때문이지요. 실험에 진심이었던 러시아 청년은 자기 숙소에 개인 실험실을 차렸고, 독일 본과 프랑스 파리의 숙련된 기술자들이 만든 정밀한 실험 도구들을 갖췄지요. 그는 직접 만든 비중병(액체와 고체의 비중을 측정하는 기구)을 가지고 최초로 액체의 임계점에 대한 개념을 세우기도 했습니다.

임계점

물질의 액체와 기체 사이의 구별이 없어지는 온도와 압력을 말한다. 임계점 이상의 온도와 압력에서 액체는 높은 온도로 인해 분자 운동이 활발해지고 부피가 늘어나 기체와 구별할 수 없고, 기체 역시 액체와 구별이 되지 않는다.

1860년 멘델레예프는 독일의 카를스루에에서 열린 국제 화학자 학술대회에 참석했어요. 당시 화학계는 물질의 명명법 과 표기법, 원자와 분자의 정의 등이 학자와 나라별로 제각각이 었지요. 유기물과 무기물을 오갈 때 원자량이 그대로인지 바뀌 는지조차 의견이 달랐어요. 회의 마지막 날, 이 모든 것을 한 방

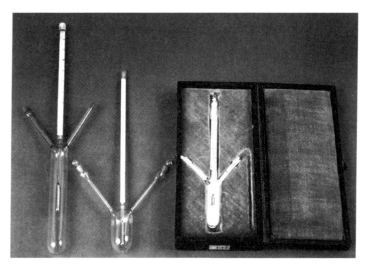

멘델레예프가 만든 비중병

에 정리해 준 사람이 나타났어요. 이탈리아의 화학자 칸니차로는 원소가 유기물이든 무기물든 오직 하나의 원자량을 가진다고 주장했고, **아보가드로의 가설**과 나아가 원자설을 받아들여야 한다고 호소했지요. 멘델레예프는 칸니차로의 발표를 직접 듣고 큰 영감을 얻었어요.

"원소의 원자량이 하나라면, 이것은 원소가 갖는 규칙성의 단서가 될지도 모르겠군."

이것은 훗날 원자량을 기준으로 원소의 주기율을 찾아내는 실마리가 되어 주었습니다.

조국으로 돌아온 멘델레예프는 상트페테르부르크 대학교의 화학 교수가 되었어요. 멘델레예프는 런던의 왕립학회처럼 러시아에도 과학자들의 연구 공동체가 필요하다고 주장했지요. 또 복잡한 화학을 쉽게 설명해 주는 대학 교재가 필요하다고 생각했어요.

마침내 1868년 러시아 화학협회가 창립된 해 멘델레예프는 화학 교과서 《화학의 원리》를 출판했어요. 그리고 이 책에서 다양한 물질과 현상 속에서 단순한 질서를 발견하는 것이 곧 과학의 기능이라 주장했지요. 그는 여기저기 흩어져 있는 화학의 원소들을 학생들에게 어떻게 '단순하게' 소개해야 할지 고민했고, 그 결과 주기율표를 만들어 냈습니다.

원소 카드놀이의 성과

1868년 말까지 63가지의 원소가 대기와 바위, 바닷물, 광천수뿐만 아니라 온갖 유기물에서 발견되었지요. 멘델레예프는 이것이 자연에 따른 우연이라고 생각하지 않았고 원소들 사이에 어떤 연관성이 있을 거라 확신했어요.

그는 '원자'의 개념을 연구하고 원자량을 계산하는 것에서부터 작업을 시작했어요. 세계 각지에서 발표된 논문을 모으며 직접 실험을 했고, 그 결과를 확인했지요. 프랑스 과학자 크룩스와 뒤마, 스웨덴의 닐손, 벨기에의 스타스 등 수많은 과학자가 그에게 자료를 보내 줬지요. 멘델레예프는 마침내 헬륨을 제외한 모든 원소의 원자량을 검증했습니다. 헬륨은 그때까지도 직접 검출되지 않은 원소였어요.

그는 63개의 원소 정보를 흰 카드에 적어 놓았어요. 원자량과 함께 녹는점, 밀도, 광택 같은 물리적·화학적 특징들이었지요. 할로겐족 원소 플루오린, 염소, 브롬, 아이오딘은 비슷한 화학적 성질을 많이 가지고 있어서 이들을 하나로 연결하는 것은 어렵지 않았어요. 멘델레예프는 이 같은 원칙을 가지고 원소들을 분류했습니다.

멘델레예프는 원자량의 순서를 생각하며 원소 카드를 길게 늘어놓기도 했고, 어떤 때는 빈자리로 남겨 두기도 했어요. 이것은 마치 카드놀이를 하는 것처럼 보였지요. 카드를 벽에 붙여 놓고 한 발 떨어져 바라보았을 때, 마침내 그는 원자의 특성은 그 원자량과 주기적 연관성이 있다는 결론을 내렸어요. 멘델레예프는 동료들에게 '원소의 원자량과 화학적 유사성을 기초로 한 원소 시스템 연구'라고 제목을 붙인 한 장의 도표를 보냈어요. 그리고 1869년 러시아 화학협회의 3월 총회에서 〈원소의 구성 체계에 대한 제안〉이라는 논문을 통해 주기율표를 제시했답니다. 이것이 바로 원소 주기율표의 첫 번째 모습이었어요.

주기율표의 아버지는 나야, 나!

비슷한 시기에 멘델레예프와 거의 유사한 결과를 내놓은 과학자도 있어요. 카를스루에 회의에서 칸니차로의 강연을 들었던

멘델레예프가 손글씨로 작성한 최초의 주기율표

드미트리 멘델레예프

영국의 로타 마이어였지요. 마이어 역시 1864년에 28개의 원소를 원자량 순으로 정리해 놓았어요. 원자량과 화학적 성질에 초점을 맞추었던 멘델레예프와 달리 로타 마이어는 원소의 물리적 성질에 더 집중했어요. 로타 마이어의 주기율표는 최초의 주기율표라고 불릴 수도 있었지만, 그는 이를 공식적으로 발표하지 않았어요.

주기율표의 가치가 재평가되면서 누가 먼저 발명(또는 발견)했는지 심심치 않은 논쟁이 벌어지기도 했지만, 현대 화학에서는 대부분 멘델레예프를 '주기율표의 아버지'라 부릅니다. 왜일까요? 그건 멘델레예프의 혁신성 때문이에요.

멘델레예프는 1869년 처음 주기율표를 발표하고, 2년 뒤 발전된 형태의 주기율표를 내놓았어요. 그동안 11개 원소의 원자량을 수정하고 20개의 위치를 바꾸었지요. 그는 엄청난 고집쟁이였지만 주기율에 대해서는 열린 사고를 지니고 있었지요.

"비소의 성질은 13족 원소들의 성질과 다른데? 오히려 15족 원소들의 성질과 비슷해."

멘델레예프는 자신이 배열해 놓은 원소가 주기율표 속에서 원래 자리가 아닌 곳에 있다고 생각되면 과감하게 그 위치를 바꾸었어요. 일부 원소의 위치를 바꾸고 알맞은 원소가 없으면 빈칸으로 남겨 놓기도 했고요. 멘델레예프는 단순히 무리를 지어

Reihen	Gruppe I. — R²O	Gruppe II. — RO	Gruppe III. — R²O³	Gruppe IV. RH⁴ RO²	Gruppe V. RH³ R²O⁵	Gruppe VI. RH² RO³	Gruppe VII. RH R²O⁷	Gruppe VIII. — RO⁴
1	H=1							
2	Li=7	Be=9,4	B=11	C=12	N=14	O=16	F=19	
3	Na=23	Mg=24	Al=27,3	Si=28	P=31	S=32	Cl=35,5	
4	K=39	Ca=40	—=44	Ti=48	V=51	Cr=52	Mn=55	Fe=56, Co=59, Ni=59, Cu=63
5	(Cu=63)	Zn=65	—=68	—=72	As=75	Se=78	Br=80	
6	Rb=85	Sr=87	?Yt=88	Zr=90	Nb=94	Mo=96	—=100	Ru=104, Rh=104, Pd=106, Ag=108
7	(Ag=108)	Cd=112	In=113	Sn=118	Sb=122	Te=125	J=127	
8	Cs=133	Ba=137	?Di=138	?Ce=140				
9	(—)							
10			?Er=178	?La=180	Ta=182	W=184		Os=195, Ir=197, Pt=198, Au=199
11	(Au=199)	Hg=200	Ti=204	Pb=207	Bi=208			
12				Th=231		U=240		

1871년 다시 발표된 멘델레예프의 주기율표

원소를 배열하는 것에 목적을 두지 않았어요. 그는 자연의 단순한 법칙을 찾고 있었지요.

"아니, 연구 결과에 빈칸이라니?"

그의 주기율표를 본 많은 화학자들은 의아해했어요.

"빈칸에 들어갈 원소는 아직 모릅니다. 하지만 언젠가 분명히 발견될 것입니다."

멘델레예프의 위대함은 바로 이 '빈칸'에 있다고 말하기도 합니다. 멘델레예프의 주기율표는 단순하지만, 아직 발견되지 않은 원소들을 예측하고 발견하는 데 커다란 기여를 했어요.

당시 과학자들은 멘델레예프가 발표한 주기율의 중요성을 인식하지 못했어요. 멘델레예프만이 이 발견의 의미를 알고 있었지요. 그는 주기율표를 두고 '아직 인류에게 알려지지 않은 새로운 자연의 비밀'이라고 표현했지요.

　주기율에 대한 태도는 1875년 프랑스의 과학자 부아보드랑이 갈륨을 발견한 이후 크게 바뀌었어요. 갈륨은 멘델레예프가 알루미늄 밑에 비워 놓고 '에카-알루미늄'이라고 이름 붙인 원소의 성질에 잘 들어맞았어요. 이어서 1879년에 스웨덴의 닐손이 '에카-붕소'의 성질을 가진 스칸듐을, 1886년에 독일의 빙클러가 '에카-실리콘'에 해당하는 저마늄을 발견했어요. 특히 멘델레예프가 72로 예상한 저마늄의 원자량은 72.3으로, 5.5로 예상한 비중은 5.35로 측정되면서 그의 예리한 과학적 통찰력이 증명되었습니다.

　멘델레예프는 기존에 알려진 원소의 원자량을 과감하게 바꾸기도 했어요. 예를 들어 우라늄은 120으로 알려졌는데, 주기율표상으로 맞지 않았어요. 멘델레예프는 우라늄 원자의 질량을 240으로 두 배 높게 계산했는데, 이후 직접적인 관찰을 통해 그의 가정이 옳았다는 게 증명되었어요. 또한 그는 우라늄보다 원자량이 큰 초우라늄 원소가 5개 더 있다는 예측을 하기도 했습니다. 주기율표의 신빙성은 높아졌고, 과연 누가 숨겨진 원소를 사냥하느냐가 관건이 되었지요.

주기율표는 현재진행형

우리가 지금 쓰고 있는 주기율표가 멘델레예프의 것과는 좀 달라 보인다고요? 맞습니다. 현대 주기율표는 멘델레예프가 발표한 주기율표에서 점차 확장되고 변화된 형태입니다. 대표적인 것이 1894년 영국의 화학자 윌리엄 램지가 비활성기체족을 발견하며 주기율표의 맨 오른쪽에 18족을 한 줄 추가한 것입니다.

1913년에 영국의 물리학자 헨리 모즐리가 원자 번호 순서대로 원소를 재배열한 것도 빼놓을 수 없지요. 모즐리는 X선을 연구하면서 원소들이 갖는 주기적 성질은 원자량이 아닌 원자 번호에 의해 결정된다는 것을 알게 되었어요. 그리고 이를 적용한 새로운 주기율표를 만들었지요.

모즐리는 약간 모순되어 보였던 멘델레예프의 배열에 논리적 근거를 더해 주었어요. 예컨대 멘델레예프는 텔루륨의 원자량이 아이오딘의 원자량보다 크지만 그 화학적 특징을 고려하여 예외적으로 텔루륨을 아이오딘 앞에 두었는데, 원자 번호로 배열하면 52번인 텔루륨은 자연스럽게 53번인 아이오딘 앞에 놓이게 됩니다. 또한 모즐리는 원자 번호 개념을 도입하며 주기율에 맞지 않았던 란타넘족과 악티늄족 원소들을 적절히 배치하기도 했어요. 하지만 모즐리의 연구는 멘델레예프의 주기율표가 없었다면 불가능했을 거예요.

러시아 국립과학계측연구소 근처에 있는 멘델레예프와 주기율표의 동상

주기율표에 남겨 둔 위대한 빈칸

현대 과학자들은 멘델레예프가 화학의 왕국을 탐험하는 데 필요한 '지도'를 만들어 주었다고 평가합니다. **족과 주기**로 대표되는 그의 주기율 체제 덕분에 과학자들은 주기율표상에 원소가 어디 있는지만 알아도 그 원소가 어떤 이온 형태가 되는지, 어떤 원소와 어떻게 결합할 수 있을지 예측할 수 있게 되었어요. 이러한 예측은 새로운 물질을 합성하고 화학 연구 분야를 확장하는 데 커다란 역할을 했지요. 그리고 멘델레예프의 주기율표가 만들어진 지 150년이 훌쩍 지났지만 주기율표를 완성하려는 작업은 아직도 계속되고 있답니다.

지식 더하기   ⊗ ⊖ ↗

족과 주기

주기율표에서 세로로 나열된 줄을 '족'이라고 한다. 같은 족 원소들은 비슷한 성질을 갖고 있다. 주기율표에서 가로로 나열된 줄은 '주기'라고 한다. 같은 주기 원소들은 원소의 배열 방식이 비슷하다.

800가지 광물 안에 든 원소부터 인공적으로 만들어 낸 원소까지

스칸듐(Sc)

원자 번호 21번. 스웨덴 화학자 닐손은 스칸디나비아에서만 발견되는 육세나이트라는 광물에서 이 원소를 추출하여 스칸듐이란 이름을 지었다. 스칸듐은 넓은 지역에 걸쳐 매장되어 있지만 800여 가지의 광물 안에 소량씩 포함되어 있어 추출하기 힘들다.

갈륨(Ga)

원자 번호 31번. 녹는점이 28.4℃로 손바닥 위에 올려놓으면 액체로 변하는 금속이다. 갈륨은 대부분의 금속과 합금을 만드는데, 이러한 성질을 이용하여 유독한 수은 대신 체온계에 사용하기도 한다. 최근에 갈륨은 질소 화갈륨 형태로 청색 발광 다이오드(LED)의 원료로서 주목받고 있다.

저마늄(Ge)

원자 번호 32번. 게르마늄이라고도 부른다. 금속과 비금속의 성질을 둘 다 갖고 있는 준금속이다. 제2차 세계 대전 동안 저마늄이 반도체로 사용될 수 있음이 밝혀졌으나, 현재는 규소가 저마늄의 자리를 대신하고 있다. 저마늄은 가시광선은 통과하지 못하지만 적외선은 그대로 통과해서 적외선 렌즈를 만드는 데 쓰인다.

테크네튬(Tc)

원자 번호 43번. 자연에서 발견되는 테크네튬은 매우 소량인데, 이는 우라늄의 분열 생성물이다. 테크네튬은 멘델레예프의 주기율표에서 누락된 원소 네 가지 중 마지막에 발견된 원소이다. 멘델레예프의 예견 이후 많은 과학자가 이 원소(에카-망가나즈)를 발견하려 애썼지만 실패했다. 결국 1937년 이탈리아 과학자 페리에르와 세그레가 입자 가속기라는 장치를 이용해 인공적으로 만들어 내면서 테크네튬이 발견되었다. '인공적'이라는 뜻의 그리스어 '테크네'에서 이름을 따왔다.

7

게으른 기체를
부지런히 발견하다

↓

윌리엄 램지

1852~1916

영국의 화학자

《앳킨스의 물리화학》의 저자로 잘 알려진 과학자 피터 앳킨스는 저서 《원소의 왕국》에서 주기율표를 산이나 계곡, 해안으로 이루어진 대지로 묘사했어요. 그는 비활성기체족을 두고 주기율의 왕국에서 동쪽 해안 어딘가의 땅이라고 표현했지요. 주기율표의 맨 끝에 위치한 18족이 아직 알려지지 않은 동쪽 대륙이라면, 윌리엄 램지는 그 대륙을 발견한 탐험가와 다르지 않을 것입니다. 마치 아메리카 대륙을 발견한 콜럼버스나 남극 대륙에 깃발을 꽂은 아문센처럼요.

　램지는 비활성기체족을 발견한 공로로 1904년에 노벨화학상을 받은 영국의 과학자입니다. 그는 화학과 밀접한 연관이 있는 집안 배경을 가지고 있어요. 친할아버지는 대규모 염색 공장을 운영했고, 외할아버지는 의사이자 의학 교재의 저자였지요.

그는 자신이 가족들로부터 '화학적 취향'을 물려받았다고 생각했어요.

하지만 그가 화학자로 성공했던 배경은 집안 환경이 전부는 아니었습니다. 램지는 주변에서 인정하는 언어 천재였는데, 학창 시절부터 독일어나 프랑스어 등으로 쓰여 있는 책을 찾아 읽었어요. 그는 특히 과학 분야의 고전들을 좋아했고, 그중 대학 시절 읽었던 캐번디시의 자서전은 훗날 그의 연구 문제를 해결할 결정적 실마리를 던져 주기도 했지요.

램지는 부지런했고, 엄청난 실행력을 가지고 있었어요. 램지가 평생 헌신한 연구 분야는 크게 세 가지로, 순수한 유기화학 연구, 액체와 기체의 특성을 연구하는 데서 비롯된 비활성기체족 원소의 발견, 그리고 방사성 물질에 대한 연구입니다. 이에 대해 그는 평생 300편이 넘는 논문을 썼고 15권의 책을 남겼답니다.

이렇게 부지런한 과학자 램지가 어떻게 '게으른' 기체들을 모두 발견하게 되었는지 알아볼까요?

불꽃놀이를 좋아한 소년

여덟 살 때, 램지는 축구를 하다가 다리가 부러졌어요. 여러 날 침대에 누워 있는 램지에게 아버지가 책 한 권을 주었어요. 화학자 토머스 그레이엄이 쓴 《그레이엄의 화학》이라는 책이었지요.

토머스 그레이엄

영국의 화학자. 1831년에는 온도가 같은 경우에 무거운 기체는 가벼운 기체보다 상대적으로 느리게 움직인다는 '기체 확산의 법칙', 일명 '그레이엄의 법칙'을 발표했다. 그레이엄의 저서 《화학 강요》는 19세기를 통틀어 세계 각국의 화학교육에 가장 큰 영향을 준 명저로 알려져 있다.

"이 책에는 폭죽을 만드는 비법이 적혀 있단다."

램지의 눈이 휘둥그레졌어요. 하늘에서 아름다운 불꽃을 뿜어내는 폭죽을 직접 만들 수 있다니, 호기심이 생겼지요. 다리가 회복되는 동안 램지는 책을 주의 깊게 읽었어요. 폭죽을 만드는 방법을 알아내면 불꽃놀이를 즐길 수 있도록 재료를 구해 주겠다는 아버지의 약속 때문이었어요. 램지의 다리가 거의 나아 갈 때 즈음 아버지는 약속대로 염화칼륨과 인, 황산, 크고 작은 비커와 플라스크, 램프를 준비해 주었지요. 램지는 직접 만든 폭죽이 불꽃을 번쩍이며 타는 것을 보고 화학에 관심을 두게 되었어요.

15세에 글래스고 대학교에 입학한 램지는 철학과 언어, 화학과 물리학 같은 학문을 폭넓게 공부했어요. 그는 화학을 공부하기 위해 하이델베르크에 있는 분젠의 실험실에 들어가려 했지만, 프로이센-프랑스 전쟁 때문에 포기했지요. 그 대신 프랑스 국경에서 멀리 떨어져 있는 튀빙겐 대학교에서 박사 학위를 받

앉어요. 그는 톨루엔산 연구에서 시작해 액체의 임계점과 기체의 액화 현상으로 관심사를 넓혀 갔어요. 35살에는 유니버시티 칼리지 런던의 화학 학과장에 오르며, 질소산화물에 관한 연구를 진행했습니다.

같은 의문을 가진 과학자와의 만남

1894년 램지는 영국의 물리학자 레일리와 함께 새로운 원소 아르곤을 발견했어요. 아르곤 발견의 중요한 배경이 된 과학 이론은 프라우트의 가설입니다. 1815년 영국의 화학자 프라우트는 모든 원자량은 수소 원자량의 정수 배수이고, 수소는 다른 원소를 구성하는 기본적 물질이라고 주장했어요. 예컨대 수소의 원자량을 1로 둔다면 탄소는 12, 질소는 14, 산소는 16의 원자량을 가진다는 것이었지요. 프라우트의 이론이 옳은지 그른지 증명하고자 수많은 학자가 원자량을 정확하게 측정하는 실험을 했어요.

물리학자 레일리도 그중 한 사람이었어요. 그는 실험에서만큼은 둘째가라면 서러운 완벽주의자였지요. 레일리는 산소의 원자량을 측정하기 위해 무려 세 가지 방법을 동원했고, 늘 똑같은 결과를 얻었어요. 그가 구한 산소의 원자량은 15.882였어요. 딱 떨어지는 정수가 아니었지만, 레일리는 프라우트의 가설이 틀렸다고 섣불리 단정하지 않았어요. 오히려 질소의 원자량을 측정해 보기로 했어요.

19세기 초까지도 공기는 산소와 질소, 이산화탄소로 구성되어 있다고 알려져 있었어요. 순수한 질소를 얻기 위해서는 공기에서 산소와 이산화탄소를 제거하면 된다고 생각했지요. 레일리는 대기 중의 질소와 자신이 화학적으로 만들어 낸 질소의 밀도를 비교했습니다.

그런데 뜻밖의 결과가 나왔어요. 암모니아를 가지고 화학적으로 '만들어 낸' 질소의 밀도가 공기 중에서 '가져온' 질소의 밀도보다 약 0.5% 정도 낮았던 거예요. 2년 동안 온갖 변수를 고려하며 재실험했지만 결과는 마찬가지였어요. 이유를 알 수 없었던 레일리는 〈네이처〉에 연구 결과를 공개하며 이를 설명해 줄 사람을 찾아 나섰어요. 하지만 답을 아는 이는 아무도 없었지요.

이때 레일리의 강연을 들었던 램지가 손을 내밀었어요. 램지 역시 그 답이 궁금했고, 두 과학자는 이를 해결하기 위해 의기투합했지요. 그들은 서로의 연구 결과를 매일 편지로 주고받았어요.

게으른 기체 아르곤의 발견

'질소의 밀도 문제'에 집중하며 램지는 캐번디시의 실험을 떠올렸어요. 공기 중에서 질소와 산소를 완벽하게 제거했지만 수상한 기체가 남더라는 대목이었지요.

'만약 공기 중에 또 다른 기체가 섞여 있다면?'

램지는 상상력을 발휘했어요. 사실 당시까지 알려진 과학적 사실의 모든 면을 부정하는 일은 누구에게도 쉽지 않았지요.

두 과학자는 당장 실험을 시작했어요. 레일리는 캐번디시의 실험과 유사하게 커다란 유리 용기에 전기로 불꽃을 일으키는 방법을 택했지요. 램지는 시뻘겋게 달궈진 마그네슘이 공기 중의 질소와 산소를 모두 제거한다는 사실에 착안해 실험했고요.

램지의 실험 결과, 수상한 기체의 밀도는 1리터당 1.75~ 1.82그램으로 수소의 20배 정도였어요. 수소의 분자량을 2로 보면, 이 기체 분자량은 40이 되는 셈이었지요. 램지는 지금까지 알려지지 않은 이 물질이 공기 속에 1퍼센트 포함되어 있다고 추론했어요. 그리고 1894년 5월 24일 주기율표의 첫 번째 열 맨 끝에 기체 형태로 존재하는 새로운 원소가 있을지도 모른다는 내용의 편지를 레일리에게 보냈지요. 레일리 역시 같은 생각을 품고 있었어요. 자신도 지금까지 발표되지 않았던 원소를 분리했다고 곧바로 답장했지요.

램지는 이 기체를 A라고 불렀고, 먼저 분광기를 통해 스펙트럼을 확인했어요. A의 스펙트럼은 기존에 알려진 어떤 물질의 스펙트럼과도 달랐어요. 기체를 다루는 실험의 기술자로서 그는 이 물질이 산소와 강한 산 등 반응성이 높은 물질과 어떤 반응을 하는지 확인하려 했지요. 하지만 모두 헛수고였어요.

"화학 반응을 하지 않는 원소라니……."

램지는 자기 실험에 어딘가 부족한 면이 있을지 모른다고 생각하고, 이 기체를 프랑스 화학자 무아상에게 보냈답니다. 무아상은 원소 중 가장 화학 반응성이 좋은 할로겐족 원소 플루오린을 발견한 화학자였어요. 무아상의 답변은 "이 원소는 플루오린과도 반응하지 않는다."였어요.

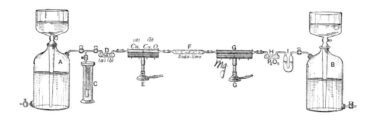

램지의 아르곤 실험 장치 중 일부를 묘사한 그림

    그제야 램지와 레일리는 아르곤이 그 어떤 물리적인 상태에 놓여도 반응하지 않는, 완전히 새로운 원소임을 발표했어요. 그리고 '게으르다'라는 의미로 아르곤이라 이름 지었답니다. 1895년 1월 31일 왕립협회 강연에 모인 800명의 사람들 앞에서 램지는 자신의 실험 과정을 아주 자세히 설명했지요. 강의가 끝나자 이 엄청난 발견 앞에서 청중 모두 일어나 환호했다고 해요.

    램지와 레일리의 발견이 학계에 알려지며 과학자들의 반응은 엇갈렸어요. 엄청난 발견에 흥분한 사람도 있었고, 아르곤이 대기 중에 존재하는 새로운 기체라는 사실을 부정하는 사람도 있었지요. 사실 멘델레예프도 처음에는 아르곤이 원소라는 사실을 받아들이지 못했어요. 아르곤이 원소가 아니라 이전에 알려지지 않은 삼원자 질소(N_3), 즉 분자일 거라는 생각을 지지하기도 했지요. 게다가 원자량이 40으로 측정된 아르곤을 대체 주기율표 어디에 넣어야 할지 난감해하기도 했어요. 하지만 이후에 램지가 아르곤과 같은 비활성기체족을 계속 발견하자 멘델레예프도 생각을 바꾸었지요.

태양의 원소를 지구로

램지는 아르곤을 시작으로 비활성기체족을 줄줄이 사냥하기 시작해요. 거기에 걸려든 두 번째 원소는 헬륨입니다. 아르곤을 발견한 이듬해 램지는 우라늄을 품고 있는 광물 클레베이트에 산을 가하면 아르곤과 유사한 가벼운 기체가 나온다는 연구 결과를 보았어요. 이 실험을 했던 지질학자는 이 기체가 다른 물질과 잘 반응하지 않는 걸 보고 '질소'일 거라 생각했지요.

"딱딱한 암석에서 대체 어떤 기체가 나오는 걸까?"

램지는 호기심이 생겼어요. 기체의 반응성이 없다는 단서를 보고, 질소가 아니라면 아르곤일지도 모른다고 생각했지요. 그는 곧바로 클레베이트 1그램을 구매해 실험에 돌입했어요. 황산에 넣고 시료를 가열하자 광물 표면이 용해되며 부글부글 기포가 생겼고, 램지는 이 기체의 스펙트럼을 분석했어요. 하지만 이것은 질소도 아르곤도 아니었습니다.

램지는 스펙트럼 분석의 일인자 윌리엄 크룩스에게 이 시료를 보냈어요. 스펙트럼 분석 결과, 이 기체는 589.59나노미터의 파장을 가지고 있는 '헬륨'임이 밝혀졌지요. 램지가 그때까지

램지가 처음으로 헬륨을 분리한 클레베이트 샘플

태양의 원소로만 알려진 헬륨을 실험을 통해 분리해 낸 최초의 과학자로 기록되는 순간이었습니다.

기체 상태의 원소 헬륨과 아르곤의 발견 후, 램지는 주기율 표상에 분명 새로운 그룹이 존재할 거라 확신했어요. 두 원소 사이에 새로운 원소가 존재할 거라는 것도요. 물론 거기엔 과학적 근거가 있었지요. 램지는 주기율표에 있는 같은 족 3개의 원자량을 비교했어요. 예를 들어 4족에 속하는 탄소의 원자량은 12, 규소는 28.3, 티타늄은 48이에요. 탄소와 티타늄의 차이는 36이지요. 램지는 헬륨의 원자량이 2, 아르곤의 원자량이 40으로, 두 원자량의 차이가 38이라는 점에 집중했지요.

램지는 새로운 족을 채울 원소, 그중에서도 아르곤보다는

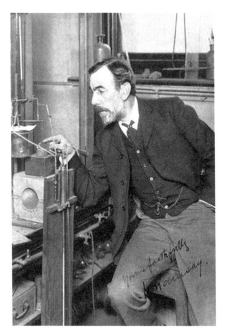

실험실에 있는 램지의 모습

가벼우며 원자량이 20 정도인 기체 상태의 원소가 있을 거라 확신했지요. 그는 가스를 방출하는 광물을 전부 찾아서 조사했어요. 대영제국 박물관의 창고를 다 뒤졌고, 새로운 가스를 추출하기 위해 운석 샘플을 얻어 오기도 했지요. 영국과 아이슬란드 등의 지역을 탐험하며 온천에서 가스를 수집하기도 했고요. 하지만 발견은 쉽지 않았습니다.

비활성기체 사냥꾼

램지가 비활성기체족에 해당하는 원소를 추가로 발견하는 데는 공기를 액화하는 기술이 발견된 공이 컸어요. 기체를 액체로 만들기 위해서는 대규모 설비가 필요했는데, 램지는 전문 기술자의 도움을 받아 동료 모리스 트래버스와 함께 직접 가스의 액화 설비를 만들어 냈어요.

기체를 압축해서 액체 상태로 만들고(액화), 다시 온도와 압력을 변화시켜 기체 상태로 만들어 주는 것(기화)이 이 설비의 기본 원리예요. 대기의 서로 다른 성분들이 액체에서 기체로 변화하는 온도가 다르다는 점에 착안해, 조건을 미세하게 바꿔 가면서 기체가 되기 쉬운 성분부터 하나씩 **분별 증류** 하는 것이지요. 원리만 보면 간단하지만 실제 작업은 결코 쉽지 않았어요. 비활성기체족은 대기에 아주 적게 포함되어 있었기 때문이에요. 아르곤이 1퍼센트로 그나마 가장 높고, 나머지는 모두 1퍼센트 미만이었지요.

> **지식 더하기** ⊗ ⊖ ⊗
>
> 분별 증류
> 끓는점이 서로 다른 물질이 섞여 있는 혼합물을 가열하여, 끓는점에 따라 분리하는 방법이다. 땅속에서 뽑아낸 원유를 황, 질소, 산소 등으로 분리하는 데 많이 쓰인다.

램지와 트래버스는 공기 중의 질소를 액화한 샘플에서 아르곤을 모두 제거한 후 조금씩 기체를 증발시키며 스펙트럼을 확인하고, 또 확인했습니다. 램지가 훗날 표현한 대로 이것은 '건초 더미에서 바늘 하나 찾는' 것과 다르지 않았지요. 그리고 마침내 1898년, 공기 속에 들어 있는 새로운 기체 크립톤, 네온, 제논이 차례대로 발견되었습니다.

1904년 램지는 비활성기체 원소들을 발견한 공로를 인정받아 노벨화학상을 받았어요. 레일리 역시 같은 해 노벨물리학상을 받았고요. 하지만 이야기는 여기서 끝나지 않습니다. 램지는 뼛속까지 원소 사냥꾼이었어요. 그는 제논보다 더욱 무거운 비활성기체에도 관심을 기울입니다.

1902년 캐나다 맥길 대학교의 러더퍼드와 소디는 토륨과 우라늄 같은 무거운 원소가 <u>방사성 붕괴</u> 할 때 라돈과 같은 기체를 방출한다고 발표해 과학계를 떠들썩하게 했어요. 그들은 이

지식 더하기 ⊗ ⊖ ⊗

방사성 붕괴

원자핵에서 나온 입자들이 방사선을 방출하면서 한 원소가 다른 원소로 바뀌는 과정을 말한다. 러더퍼드는 소디와 공동 연구로 방사성 붕괴는 일정한 속도로 일정한 속도로 이루어지는 것을 알아냈고, 처음의 절반이 붕괴되기까지의 시간을 '반감기'라고 명명했다.

기체가 제논보다 무거운 비활성기체임을 알아채고, 밀도를 알아내려 했지만 정확하게 측정하지 못했지요.

극소량의 기체를 정밀하게 다룰 수 있는 최고의 기술자를 찾아야 했던 소디는 1903년 램지를 찾아갔어요. 정확히 5년 후, 램지는 라돈의 가스 샘플을 분리했고, 알려진 기체 중 라돈이 가장 밀도가 높은 기체라는 사실 역시 알아냈지요.

램지는 라돈이 비활성기체족 중 하나라는 것을 입증하며, 이로써 주기율표 맨 오른쪽에 자리 잡은 비활성기체족 원소들을 모두 발견한 화학자로 이름을 남겼어요.

풍선 속 기체부터
우주선 엔진 기체까지

헬륨(He)

원자 번호 2번. 18족 원소 중 가장 가벼운 기체다. 줄을 놓으면 하늘로 날아가 버리는 풍선에 들어가는 바로 그 기체다. 헬륨을 들이마시면 꽥꽥 오리 소리가 난다고 해서 '도널드 덕 기체'라고도 한다. 독성은 없지만 계속 흡입하면 산소가 몸으로 전달되지 않아 매우 위험하므로 주의해야 한다. 액체 상태의 헬륨은 온도가 매우 낮아 냉각제로 사용된다.

네온(Ne)

원자 번호 10번. 네온은 다른 원소와 반응하지 않아 화합물이 없다. 우주 전체에서는 네 번째로 많지만, 지구에서는 희귀한 원소다. 대기의 0.002%가 네온이다. 네온을 유리관에 밀봉한 후 전류를 흘려 주면 들떴던 전자가 원래 상태로 되돌아가며 빛을 방출하는데, 이것이 주황색으로 보인다. 1910년 조르주 클로드가 유리관의 네온을 사용하여 상점의 광고 간판을 만들었다. 이는 네온이 상업적으로 사용된 최초의 사례였다.

아르곤(Ar)

원자 번호 18번. 어떤 것과도 반응하지 않아 마치 귀족 같은 품위를 가진다는 의미에서 '귀족 기체'라고 불렸다. 건조한 공기에는 약 1%의 아르곤이 포함되어 있다. 가정에서 쓰는 형광등 안에는 아르곤이 충전되어 있다. 아르곤은 레이저 쇼를 할 때 쓰이기도 하고, 안과나 치과에서 의료용 레이저로 사용되기도 한다.

크립톤(Kr)

원자 번호 36번. 아르곤 원자보다 커서 일부 반응에 참여할 수 있으며, 1963년 최초의 크립톤 화합물인 불화크립톤(Ⅱ)(KrF_2)이 만들어졌다. 크립톤은 짧지만 매우 밝은 빛을 발생하는 성질을 가지고 있어서 아르곤과 함께 형광등 안에 들어간다. 지구를 지키는 영웅 캐릭터 슈퍼맨의 고향 행성 크립톤은 이 원소의 이름에서 힌트를 얻어 만들어졌다. 영화에 나오는 크립톤 암석은 실재하지 않는다.

제논(Xe)

원자 번호 54번. 헬륨 기체보다 30배 이상 무겁다. 제논을 풍선 안에 채운다면 땅으로 떨어진다. '낯설다'는 의미의 그리스어 크세노스^{xenos}를 따라 제논이라는 이름이 지어졌다. 제논은 원자의 크기가 커서 상대적으로 전자를 잃어 이온이 되기 쉽다. 제논 기체는 이런 이유로 우주선의 원동력이 되는 이온 엔진에 사용될 수 있다.

시대의 한계 속에서도 권위에
짓눌리지 않고 논리적으로 반박했던

INTJ

8

결국 이다가 옳았다

↓

이다 노다크

1896~1978

독일의 화학자·물리학자

과학의 역사를 만들어 온 과학자를 떠올려 보세요. 어떤 인물이 떠오르나요? 갈릴레이, 뉴턴, 다윈, 아인슈타인 등 수많은 과학자의 얼굴이 머릿속에 스쳐 지나갈 것입니다. 그렇다면 과학사에 함께한 '여성 과학자'를 떠올려 볼까요? 마리 퀴리, 리제 마이트너 등 몇몇이 생각날 겁니다. 확실한 건 여성 과학자의 이름은 그다지 많이 기억나지 않는다는 것입니다. 과거부터 근대에 이르기까지 과학을 공부한 여성의 수가 상대적으로 적기도 하고, 그들이 이루어 낸 과학적 업적이 세상에 잘 알려지지 않았기 때문이기도 하지요.

이다 노다크는 비로소 독일 여성들이 대학에서도 과학을 공부할 수 있도록 공식적으로 허용되기 시작한 1900년대 초에 화학을 전공한 여성 과학자 중 한 명입니다. 그녀는 1921년에 독일에서 배출한 1호 여성 박사 20명 중 한 명이었지요. 이다는 잃어 버린 원소를 찾아내기 위해 누구보다 자연을 깊이 탐구하고 분석했어요. 그 결과, 30세가 되던 해 그녀는 멘델레예프가 언젠가 발견될 것이라고 예견한 원소 중 두 개를 찾아냈어요. 그중 75번 원소에 대해서는 공식적인 발견자로 기록되었지요.

또한 이다는 핵분열이라는 개념이 널리 받아들여지기 전에 무거운 핵에 충격을 가하면 핵이 붕괴될 수 있다고 제안했어요. 핵물리학의 권위자인 엔리코 페르미의 논문에 대해 조목조목 반대 논리를 펼치기도 했어요. 실험을 통해 핵분열이 증명되기 4년 전의 일이었지요. 하지만 그녀는 마리 퀴리나 리제 마이트너 같은 동시대 다른 여성 과학자만큼 주목받지 못했어요. 이다에게는 어떤 사연이 있는지 들여다볼까요?

잃어버린 원소를 찾아서

1871년 멘델레예프는 주기율표에 빈칸을 남겨 두고, 그 칸에 들어갈 11개 원소의 특징을 구체적으로 예견했습니다. 예컨대 그는 6족 몰리브데넘과 8족 루테늄 사이에 아직 발견되지 않은 원소들이 있다는 걸 깨닫고, 7족의 망가니즈를 기준으로 첫 번째 아래 칸에 위치한다는 뜻으로 에카-망가니즈, 두 번째 아래 칸이라는 뜻에서 드위-망가니즈라고 이름 지었습니다. 산스크리

트어로 에카는 '하나'를, 드위는 '둘'을 의미하거든요. 그리고 에카-망가니즈의 원자량을 99로, 드위-망가니즈의 원자량을 190으로 예측했지요. 과학자들은 여러 해 동안 주기율표에 빈칸으로 남겨진 잃어버린 원소를 찾아 헤맸어요. 많은 과학자가 도전했지만 발견은 쉽지 않았지요.

이다 타케(결혼 후 이다 노다크) 역시 이 작업에 열정을 바친 과학자 중 한 명이었어요. 1896년 독일의 라크하우젠에서 태어난 그녀는 1915년 베를린-샤를로텐부르크 공과대학에 입학했어요. 이다는 화학과 야금학(금속과 합금을 연구하는 학문)을 전공했지요. 대학이 여성들에게 교육의 문을 연 지 얼마 되지 않아 여성들이 대학에서 과학을 공부하기 매우 힘들었던 때였지요. 어렵사리 대학에 입학하더라도 여성들에게 수업이 개방되지 않는 경우도 있었답니다.

이다의 아버지는 딸이 과학 공부 하는 것을 적극적으로 찬성했어요. 아버지는 래커와 페인트를 만드는 공장을 운영했는데, 이다가 화학을 공부해서 훗날 사업을 이끌어 갈 거라 기대했지요. 이다 역시 화학에 큰 흥미를 가지고 있었어요. 여학생이 들을 수 없었던 수업에는 남자 옷을 입고 참여할 정도였어요.

이다는 박사 학위를 받고, 기업의 화학 연구소에 취직했어요. 그녀는 독일의 화학 산업에서 여성 1호 전문가로 인정받았지요. 회사에서 근무한 지 2년쯤 지났을 때, 이다는 베를린의 물리기술연구소로 자리를 옮겼고 거기서 발터 노다크를 만났어요. 발터 노다크는 1920년에 노벨화학상을 받은 **발터 네른스트**의 제자로 이미 학계에 이름이 알려진 분석 화학자였어요. 발터 노다크의 관심사 역시 멘델레예프 주기율표의 빈칸을 채우는 것이었지요. 둘은 새로운 팀을 이루어 잃어버린 원소를 찾는 일을 시작했어요.

지식 더하기

발터 네른스트
물리화학의 창시자로, 산화 환원 반응과 반응 속도, 화학 평형, 액정 등을 연구했다. 1906년 열역학 제3법칙이라 불리는 '네른스트 열 정리'를 만드는 등 열화학에 많은 업적을 남겼다.

주기율표의 같은 층 이웃에 집중하다

이다는 먼저 문헌 조사부터 시작했어요. 각종 학술지와 단행본, 논문 등을 모조리 찾아 읽는 데 거의 1년을 보냈지요. 특히 지구상 암석 속에는 지구에서 볼 수 있는 모든 원소가 존재할 거라 확신했고, 지각 속에 포함된 원소들의 상대적인 양을 정리했어요. 이러한 문헌 분석을 통해 이다와 발터 노다크는 주기율표에서 홀수 번 원소는 짝수 번 원소보다 존재하는 양 자체가 많지 않다는 것을 알게 되었어요. 또한 에카-망가니즈(원자 번호 43번)와 드위-망가니즈(원자 번호 75번)는 지구의 지각에 각각 루테늄이나 오스뮴과 비슷한 양만큼 포함되어 있을 거라 생각했어요.

"멘델레예프가 망가니즈를 기준으로 이름을 붙인 탓에 우리가 너무 망가니즈와 비슷한 특징을 가진 물질에만 집중했던 것은 아닐까요?"

이다는 보통 주기율표의 같은 족에 속하는 원소들이 비슷한 화학적 특징을 갖는다는 규칙에서 벗어나 볼 필요가 있다는 통찰을 하게 되었어요. 그러고는 빈칸의 원소들이 수평으로 같은 위치에 놓이는, 즉 같은 주기의 원소들과 유사한 특징을 살펴봤어요. 발터 노다크 역시 이다의 생각에 동조했어요.

"43번 원소의 특징은 그 옆에 있는 몰리브덴과 루테늄의 특징과 비슷하겠네요. 75번 원소의 특징은 텅스텐과 오스뮴의 특징과 비슷하겠고 말이에요."

가정이 옳다면, 몰리브덴이 많이 발견되는 광석의 성분을 연구하면 그 속에 지금 찾고 있는 원소가 들어 있을 확률도 높아진다는 것을 알 수 있었어요. 결론적으로 이다와 발터 노다크는 에카-망가니즈와 드위-망가니즈의 옆에 있는 이웃인 금속 몰리브덴과 텅스텐, 루테늄, 오스뮴 같은 광물을 포함하는 광석을 분석하는 데 집중할 수 있었지요.

1925년 이다와 발터 노다크는 백금과 콜롬바이트 샘플 여러 종류를 가지고 작업한 결과, 어떤 산화물을 얻을 수 있었어요. 이다에게는 광물 속에 어떤 성분이 들어 있는지 알려 줄 성능 좋은 X선 분광기와 이를 다룰 기술자가 필요했어요.

이다는 램프를 만드는 회사 지멘스 운트 할스케에서 같이 일했던 오토 베르크를 떠올렸어요. 지멘스 운트 할스케는 형광등으로 유명한 회사예요. 회사는 당시에 램프에 들어갈 물질을 찾고 있었고, 새로운 물질을 찾으려는 이다의 시도에 연구비를 지원했지요. 이다와 발터 노다크가 물질을 발견하고 정제하면, 베르크가 X선 분광법으로 분석하는 식으로 연구가 진행되었어요. 그리고 1925년 이다와 발터 노다크, 베르크는 엑스레이 스펙트럼 연구를 통해 그들이 43번과 75번 원소를 발견했다고 보고했어요. 발터 노다크는 이 중 43번 원소 이름을 자신의 고향인 마슈리아 이름을 따 마수륨이라고 지었지요. 75번은 라인강의 라틴어 이름에서 유래한 '레늄'으로 명명했고요.

그런데 그때까지 그들은 측정 가능한 양만큼의 원소를 분리하지는 못했어요. X선으로는 보이지만 사람이 볼 수 있을 만큼 순수한 원소로 만들어지지 않았기 때문이지요. 순수한 원소 표본을 내놓지 못하니 두 사람의 발견을 인정하지 않는 과학자들도 있었지요.

은백색의 무거운 금속인 레늄

독일 화학계를 대표하는 여성 화학자

1925년 9월 5일, 이다 노다크는 뉘른베르크에서 열린 독일 화학자 협회의 연례 총회에서 새로 발견한 원소에 대해 발표했습니다. 강연이 끝나자 의장은 청중들에게 이다를 다시 한번 소개했지요.

"여러분, 최초로 협회에서 연설한 여성 동료 이다 타케 박사입니다."

'동료'라는 말에 청중은 크게 환호했습니다. 이것은 어쩌면 마수륨과 레늄이 발견된 것보다 더 놀라운 사건이었지요. 여성 과학자가 하는 일이 단지 남자 과학자들을 돕는 데 그쳐 '조수'라고만 표현되던 시절에 이다는 당당하게 여성 화학자로 이름을 알렸으니까요.

이듬해 이다는 발터 노다크와 결혼했고, 잃어버린 퍼즐에 관한 연구를 계속했어요. 부부의 관심사는 순수한 원소를 찾는 일이었지요. 노다크 부부는 레늄을 더 많이 포함하고 있는 물질을 찾아 스칸디나비아반도를 여행하며 스웨덴과 노르웨이에 있는 124개의 광산에서 샘플을 모았어요. 그리고 2년 동안 발로 뛰며 모은 660킬로그램의 원석 샘플에서 오직 1그램의 레늄을 분리해 냈어요. 멘델레예프의 주기율표 속 잃어버린 퍼즐 하나, 드위-망가니즈가 레늄 원소 샘플로 노다크 부부의 손안에 쥐어진 순간이었습니다.

연구 결과는 전 세계에 알려졌고, 노다크 부부는 공식적으로 레늄 원소의 발견자로 인정받았어요. 부부는 레늄의 성질을 분석했고, 램프 필라멘트와 촉매 등 다양한 응용 분야에 대한 특허를 냈어요. 또한 레늄을 발견한 공로를 인정받아 수차례 노벨상 후보로 지명되기도 했어요.

마수륨이 테크네튬이 되기까지

문제는 마수륨이었어요. 불행히도 이다는 43번 원소의 실험 결과를 재현할 수 없었어요. 이것은 이다의 연구가 절반만 옳다는 뜻이기도 했어요. 당시 노다크 부부는 몰랐지만, 43번 원소는 안정된 동위원소(원자 번호는 같지만 질량수가 다른 원소)를 가지고 있지 않았고, 방사성 붕괴를 겪고 미세한 흔적으로만 자연에 존재하기 때문이었어요.

다른 과학자들 역시 75번 원소의 존재를 확인할 수 있었지만, 43번 원소를 발견한 것은 확인할 수 없었습니다. 미국의 물리학자 어니스트 로런스는 이다를 찾아가 마수륨이 나왔다는 증거를 보여 달라고 했지만, 이다가 증거를 내놓지 못하자 그녀의 연구는 완전 엉터리라고 비판하기도 했어요. 게다가 마수륨이라는 이름은 늘 논란을 몰고 다녔어요. 독일의 옛 마을 마슈리아에서 따온 이름이 나치의 전체주의를 떠올리게 한다는 이유에서였지요.

몇 년이 지나 1937년 이탈리아의 카를로 페리어와 에밀리오 세그레는 입자 가속기를 이용해 43번 원소를 만들어 냈어요. 빠르게 가속하는 중수소 양성자를 원자 번호 42번의 몰리브덴에 충돌시켜 새로운 원소를 생성한 것이었지요. 43번 원소는 인간이 만들어 낸 최초의 원소로 기록되었고, 테크네튬이라 명명되었습니다.

그렇다면 자연 광석에서 43번 원소를 찾으려 했던 이다의 연구는 정말 틀렸던 것일까요? 그에 대한 결론은 이후 연구들이

토륨과 우라늄이 포함되어 방사성을 띠는 컬럼바이트 암석

말해 줍니다. 최근 연구자들은 자연에서도 미세한 양의 테크네튬을 발견해 냈어요. 이러한 예상치 못한 발견은 이다의 연구를 다시 보게 만들었지요.

　미국 국립과학기술연구소에서 노다크 부부의 실험을 프로그램을 통해 정밀하게 시뮬레이션했는데, 우라늄의 방사성 붕괴 결과 컬럼바이트 암석에 43번 원소가 존재한다는 사실이 밝혀진 것입니다. 게다가 만들어진 43번 원소의 양이 1925년에 이다가 했던 실험 결과와 일치했지요. 이다가 얼마나 정밀하고 정확하게 실험했는지를 보여 주는 결과였어요. 이다 노다크, 그녀의 연구는 틀리지 않았던 것입니다.

핵분열의 개념을 처음 제시한 과학자

1903년 영국의 물리학자 러더퍼드는 우라늄 같은 원소에서 방출되는 방사선을 분석하는 연구를 했지요. 그 결과 방사선은 3개의 성분으로 구성되어 있다는 것을 발견했어요. 그중 2개는 매우 작은 입자 광선으로 흡수성이 좋은 것을 알파선이라고 하고, 투과성이 큰 것은 베타선이라 명명했지요. 나머지 고주파 전자파는 감마선이라 이름 지었어요. 그리고 실험을 통해 원자 중심에 양전하를 띤 '핵'이 있음을 알아냈지요. 러더퍼드의 이러한 발견은 원자핵과 그 주변의 상호작용에 관해 연구하는 핵물리학이 발달하는 계기가 되었지요.

한편 1934년 3월, 이탈리아의 물리학자 엔리코 페르미는 1934년 로마 대학교에서 우라늄에 중성자를 충돌시켜 보는 실험을 했어요. 실험 결과 페르미는 우라늄의 원자핵이 중성자를 흡수하여 베타 붕괴를 일으키며 우라늄보다 무거운 미지의 물질이 된 것이라 주장했어요. 페르미는 자신이 만든 새로운 원소를 주기율표 레늄 아래에 놓고, 에카레늄이라고 불렀어요. 페르미는 실험 과정과 결과를 짧은 편지 형식으로 잡지에 실었는데, 이는 과학계에 커다란 반향을 일으켰지요.

이다 역시 페르미의 연구 결과를 접했어요. 하지만 그녀의 해석은 페르미와는 달랐지요. 이다는 응용화학 잡지에 〈원소

93번에 관하여〉이라는 기사를 게재해 페르미의 연구에서 발생한 오류를 지적했어요.

"중성자 충격은 실제로 우라늄 핵을 부수고 우라늄보다 가벼운 두 종류의 원소에 해당하는 원자를 생성한다고 기록했어요. 무거운 원자핵이 중성자에 의해 충격을 받을 때, 그 원자핵이 여러 개의 큰 조각으로 쪼개질 수 있지요."

그녀는 핵분열에 대한 개념을 처음으로 제시한 거였지요. 또한 주기율표에서 우라늄 이후의 원소, 즉 트랜스 우라늄 원소를 발견할 가능성을 제기하기도 했어요.

지식 더하기   ⊗ ⊖ ⊘

핵분열

우라늄, 플루토늄과 같이 질량수가 큰 원자의 원자핵이 중성자와 충돌해 가벼운 원자핵 2개로 쪼개지는 핵반응을 말한다. 1938년 독일 과학자 프리츠 슈트라스만과 오토 한의 실험으로 확인되었다. 이 실험에서 에너지가 낮은 중성자를 우라늄-235에 충돌시키자 우라늄은 바륨과 크립톤으로 분열되며 그 과정에서 2~3개의 중성자와 함께 막대한 양의 에너지가 방출되는 현상이 관측되었다. 이러한 현상은 전에 없던 일이라 물리학에는 그에 알맞은 용어가 없었다. 오토 프리슈는 생물학에서 세포가 쪼개져 나뉘는 '분열'이란 용어를 빌려와 이 현상을 핵분열이라고 했다.

이다는 핵분열에 대한 의견을 여기저기에 알렸어요. 페르미와 세그레 등 많은 과학자에게 자신의 논문 사본을 보내고, 페르미의 이론대로 핵분열은 가능하지 않다는 몇 가지 계산을 발표

하기도 했지요. 하지만 페르미는 이다의 제안을 듣지 않았어요. 오토 한이나 리제 마이트너 같은 핵물리학자 누구도 그녀의 논문을 인용하지 않았고요. 이다의 의견을 귀담아듣는 과학자는 아무도 없었어요.

1938년 12월, 엔리코 페르미는 노벨 물리학상을 받았어요. 또한 베를린에서 오토 한과 프리츠 슈트라스만은 우라늄의 중성자 충격 생성물 중에 우라늄보다 가볍다고 알려진 바륨이 존

이다 노다크의 고향 바젤에 세워진 흉상

재한다는 사실을 실험으로 보여 주었어요. 곧 리제 마이트너와 오토 프리슈는 그 실험을 핵분열이라고 해석했고, 이다가 초기에 추측한 사실이 옳다는 것을 뒷받침해 주었습니다.

핵분열은 곧 원자폭탄의 원리가 되었어요. 만약 독일 연구자들이 이다의 핵분열 이론의 의미를 먼저 깨달았다면 지금의 세계는 달라졌을까요? 오토 한은 1966년에 라디오에 출연해 과거를 회상했어요. 그리고 "결국은 이다의 말이 옳았습니다."라고 이다 노다크의 업적을 인정했습니다.

이다는 1978년 9월 세상을 떠나기 전까지 물질에 대한 호기심을 멈출 줄 몰랐어요. 오랜 시간 암석을 연구했던 그녀는 지구화학과 광화학 분야에서도 활발한 연구 활동을 펼쳤고, 운석에 관한 연구로 인해 우주화학의 창시자로 불리기도 해요. 이다 노다크는 평생 60편이 넘는 논문을 출판하며 세상을 구성하는 원소의 진실을 찾는 과학자였습니다.

10억 분의 1 원소부터
원자력 발전의 원료까지

레늄(Re)

원자 번호 75번. 은백색 금속 원소. 자연에 존재하지만 그 양이 아주 적다. 지각에 네 번째로 적게 포함된 원소다. 지각에 존재하는 원자 10억 개 중 1개의 비율로 레늄 원자가 존재한다. 레늄 합금은 고온용 온도 센서나 필라멘트의 재료로 이용된다. 순수한 상태의 레늄은 금보다 밀도가 크고, 녹는점이 3182℃로 매우 높다. 광물 안에 포함된 원소로는 맨 마지막에 발견되었다.

우라늄(U)

원자 번호 92번. 은회색의 방사성 금속 원소. 현대 원자력 발전에 없어서는 안 될 원소다. 우라늄-235와 우라늄-238, 두 개의 동위원소가 존재한다. 우라늄-235에 중성자가 충돌하면 원자핵이 분열하며 여러 개의 중성자와 에너지를 방출한다. 이러한 핵분열이 연쇄적으로 일어나면 막대한 에너지를 얻을 수 있다. 핵분열 연쇄 반응을 한순간에 일으켜 거대한 폭발이 일어나도록 만든 것이 원자폭탄이다. 핵무기를 실험하는 국가 기관이나 우라늄 무기를 사용하는 전쟁터, 인산염 비료를 다루는 공장 등 특정한 환경에

있으면 우라늄 노출도가 증가하여 위험하다. 1세제곱미터당 10밀리그램의
우라늄에만 노출되어도 생명이 즉시 위태로울 수 있다.

국가의 일급비밀 프로젝트 리더로서
신념과 자부심을 갖고 목표를 이루어 낸

ENTJ

9

인공원소 공장에 어서 오세요

↓

글렌 시보그

1912~1999

미국의 화학자

영화나 소설 속에서 납이나 철을 금으로 바꾸려고 하는 연금술사를 본 적 있나요? 연금술사들은 현자의 돌이라 불리는 신비한 물질을 찾는 데 노력을 쏟아부었지요. 현자의 돌을 가지면 무엇이든 원하는 것을 만들어 낼 수 있다고 믿었으니까요. 그러나 그 어떤 연금술사도 현자의 돌을 얻지는 못했어요. 당연히 납을 금으로 바꿀 수도 없었지요.

하지만 과학의 힘으로 연금술사의 꿈을 이룬 20세기 과학자가 있습니다. 1980년에 글렌 시보그는 핵물리학 기술을 이용해 수천 개의 비스무트 원자를 금으로 바꾸는 데 성공했어요. 합성된 금은 방사선을 내뿜는 금의 동위원소였고 금을 사는 것보다 훨씬 더 많은 비용이 들었지만, 시보그의 시도는 이야기 속 '현자의 돌'을 떠올리게 만들지요. 시보그는 플루토늄을 포함해

10개에 달하는 원소를 발견했고, 1896년 멘델레예프가 만든 주기율표에 6번째 줄을 더해 현대 주기율표가 지금의 형태로 확장하는 데 크게 기여했어요.

"찾을 수 없다면 만들어라!"

시보그는 자연계에서 아무리 찾으려 해도 얻을 수 없는 원소를 첨단의 과학 기술로 만들어 내는 시대를 열었다고 해도 과언이 아니랍니다.

광산촌에서 버클리 대학으로

시보그는 1912년 미국 미시간주의 작은 광산촌에서 태어났어요. 그의 부모님은 모두 스웨덴 사람이었고, 시보그는 영어보다 스웨덴어를 먼저 배웠지요. 시보그는 미국인이었지만 자신의 뿌리가 스웨덴에 있다는 것을 잊지 않았다고 해요. 실제로 훗날 노벨화학상을 받는 자리에서 맨 먼저 스웨덴어로 국왕에게 감사 인사를 전하기도 했지요.

시보그는 고등학교에 들어가기 전까지 제대로 된 과학을 접해 보지 못했어요. 대학 입시를 위해 화학 과목을 선택하면서부터 물질의 세계에 흥미를 느꼈지요. 화학은 시보그의 과학적 상상력을 자극했어요.

"아니, 왜 지금까지 누구도 이런 것을 가르쳐 주지 않았지?"

시보그는 과학자가 되기로 결심하고, 대학에서 화학을 전공했어요. 이후 학자의 꿈을 가지고 캘리포니아 버클리 대학교 석사 과정에 진학했는데, 그 무렵의 버클리 대학교는 물리학자 어니스트 로런스와 길버트 루이스 같은 전설적인 과학자들이 몸담은 학문의 성지였어요.

초우라늄 원소를 찾는 과학자들

"주기율표의 가장 마지막 자리를 차지하는 원소는 무엇인가요?"

이런 질문을 받는다면 지금은 "118번 오가네손!"이라고 답하겠지만, 1930년대까지만 해도 주기율표에서 가장 무거운 원소는 92번 우라늄이었어요. 하지만 학자들은 우라늄이 주기율표의 마지막 물질이라고 생각하지 않았어요. 우라늄보다 더 무거운, 말 그대로 우라늄을 뛰어넘는 초우라늄 원소를 찾아 나섰지요. 처음에는 그것들이 자연계에 존재할 거라고 생각했어요. 하지만 50년이 다 되도록 발견은 이루어지지 않았습니다.

핵화학의 발전과 함께 과학자들은 새로운 원소를 만들어 내기에 이릅니다. 일찍이 1919년 러더퍼드는 이미 가벼운 원소들의 '변환'에 성공한 바가 있었어요. 그는 질소의 원자핵과 헬륨핵을 충돌시켜 산소를 만들어 냈지요. 또한 붕소, 불소, 나트륨, 플루오린 등도 헬륨핵과 작용하면 다른 원자가 될 수 있다는 걸 실험을 통해 증명했어요.

양성자의 수가 많지 않은 가벼운 원소를 사람이 만들어 낼 수 있다니! 과학자들은 무거운 원소에 대해서도 이와 같은 핵변환이 가능한지 실험했어요. 하지만 이 과정은 생각만큼 간단하지 않았습니다. 무거운 원소일수록 양성자의 개수가 너무 많아 헬륨핵처럼 양전하를 띠는 작은 입자는 튕겨 나가기 일쑤였거든요.

1934년 3월, 세상을 바꾼 논문 한 편이 발표되며 전 세계 과학계가 한 사람을 주목했어요. 바로 엔리코 페르미였지요. 그는 우라늄에 양성자가 아닌 '중성자'를 충돌시켜 보는 실험을 설계했어요. 우라늄의 원자핵이 중성자를 흡수하여 베타 붕괴를 일으키며 우라늄보다 무거운 미지의 물질, 즉 초우라늄 원소가 될 것이라 주장한 거지요. 하지만 이때까지만 하더라도 이러한 주장을 실험을 통해 증명하지는 못했어요.

기회는 준비된 자에게 온다

대학원에서 공부하는 동안 시보그는 엔리코 페르미의 연구 결과뿐만 아니라 오토 한과 리제 마이트너의 방사성 연구에 큰 감명을 받았어요. 오토 한의 《응용 방사능화학》과 같은 교재는 성경을 읽듯 읽고 또 읽었지요.

시보그는 낮에는 실험실 조교로 일하고, 밤에는 원자의 신비를 탐구하는 데 시간을 바쳤어요. 버클리의 동료들과 매주 세미나를 열고 핵물리학을 공부했지요. 시보그가 본격적으로 핵물리학에 관심을 가지게 된 것은 1936년 친구 리빙우드의 의뢰 때문이었어요. 리빙우드는 사이클로트론을 만드는 물리학도였지요. 사이클로트론이란 1930년에 미국의 로런스와 리빙스턴이 발명한 장치예요. 수소나 헬륨 같은 가벼운 원자 이온을 가속시켜 원자핵을 파괴하고 인공 방사능을 일으키는 용도로 쓰이지요. 그래서 원자 파괴기라고도 불러요. 리빙우드는 자신이 만든 사이클로트론에서 막 나온 방사능 시료, 알 수 없는 이 뜨거운 물질이 무엇인지 화학적으로 밝혀야 했어요. 핵물리학자에게는 유능한 화학자 파트너가 꼭 필요했던 거예요. 기껏해야 비커와 시험관, 후드, 싱크대가 화학 실험 기구의 전부였지만, 시보그는 리

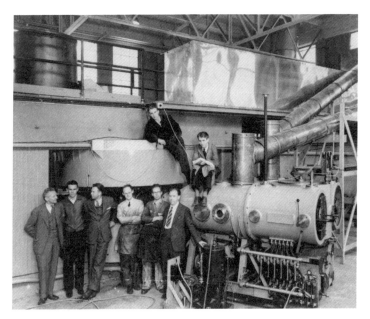

버클리의 로런스 방사선 연구소에 있는 60인치 사이클로트론

빙우드와의 공동 연구를 시작했어요.

쉴 새 없이 일했지만 시보그는 지친 기색을 보이지 않았어요. 그는 밤낮으로 일과 연구를 병행하는 것이 힘들지 않은지 물어보는 친구에게 오히려 기대감 가득 찬 얼굴로 말했지요.

"힘들긴! 난 이렇게 굉장한 연구를 하면서 돈까지 받는다는 사실이 믿어지지 않을 정도야."

시보그는 이후 5년 동안 수많은 동위원소를 새로 발견하며 핵의학을 장을 열게 된답니다.

핵의학

방사성 동위원소를 이용하여 병을 진단하거나 치료하는 의학 분야다. 1898년 퀴리 부인의 라듐 발견 이후 1901년 라듐 방사능을 처음으로 암 치료에 사용했다. 특히 아이오딘-131은 치료 분야에서 큰 기여를 한 방사성 동위원소이다. 1938년 리빙우드와 시보그가 함께 발견했다. 아이오딘 131은 실제 시보그의 어머니의 갑상선암 치료에 활용된 바 있고, 지금까지도 광범위하게 쓰이고 있다.

한편 1940년 5월에 같은 대학의 맥밀런과 에이벌슨은 새로운 60인치 사이클로트론을 사용하여 우라늄에 중성자를 쏘아 주는 실험을 했고, 그 결과 반감기가 23분인 우라늄 동위원소를 얻었어요. 맥밀런과 에이벌슨은 이 새로운 물질이 우라늄 바로 다음에 위치한 초우라늄원소라는 것을 밝혀 냈습니다. 그들은 우라늄이 천왕성에서 따온 이름이란 점에 착안해 이 원소를 해왕성의 이름을 따 넵투늄이라고 불렀어요. 넵투늄을 발견한 맥밀런은 다른 초우라늄 원소가 또 있을 거라 확신했어요. 맥밀런과 친분이 있었던 시보그는 맥밀런의 이런 연구를 지켜볼 기회를 얻었습니다.

모든 것을 바꾼 것은 전쟁이었습니다. 당시 많은 과학자가 그러했듯 제2차 세계 대전 준비를 위해 맥밀런은 버클리 연구소를 떠나야만 했어요. 그는 레이더 개발을 위해 매사추세츠 공과대학으로 자리를 옮겼어요. 맥밀런의 빈자리는 늘 곁에서 그의 연구에 관심을 가졌던 화학자 시보그가 이어 가게 되었습니다.

플루토늄, 원자폭탄이 되다

시보그는 대학생 월, 전임 강사 케네디와 함께 곧장 실험을 시작했어요. 시보그는 맥밀런과 편지를 주고받으며 초우라늄 원소를 찾기 위해 노력했어요.

우라늄-238에 중수소를 폭격하면 우라늄은 중수소에 있는 중성자를 하나 흡수한 다음, 베타 붕괴를 하며 우라늄-239가 되었어요. 이것이 다시 붕괴하며 넵투늄-239가 되었고, 또다시 붕괴하며 마침내 94번 원소가 만들어진다는 사실을 발견했어요.

팀원들은 기뻐서 환호했어요. 시보그 역시 흥분을 감추지 못했어요.

"진짜 옥상에라도 가서 우리가 해냈다고 소리 지르고 싶군!"

하지만 발견 당시 시보그와 연구 팀은 그럴 수 없었지요. 사실 그들이 발견한 것은 세상에 알릴 수조차 없었어요. 1940년 맥밀런과 에이벌슨이 넵투늄의 발견을 발표했을 때, 영국 정부가 미국인들이 잠재적인 군사 기밀을 폭로하고 있다고 항의했던 전적이 있었기 때문이에요. 미국 정부 역시 시보그의 발견을 군사 기밀에 부쳤고, 논문 발표는 보류되었어요.

시보그는 94번 원소를 명왕성Pluto을 따라 플루토늄으로 지었어요. 하지만 마지막 순간에 시보그의 장난기가 발동했지요. 플루토늄의 원소 기호는 관례대로라면 Pl이어야 했지만, 시보그는 아이들이 나쁜 냄새가 나면 "피유Pee-yoo!"라고 소리치는 모습을 떠올리며 플루토늄의 원소 기호를 Pu라고 기록했어요.

이것은 시보그 인생에서 많은 원소를 탄생시키는 여정의 신호탄이었어요. 1941년 봄에 시보그는 플루토늄의 또 다른, 더욱 중요한 동위원소를 만들었으니까요. 그 주인공 플루토늄-239는 핵 연쇄 반응을 통해 폭발적 에너지를 방출하는 엄청난 물질이었습니다.

시보그와 연구 팀이 만들어 낸 플루토늄은 무척이나 특이한 물질이었어요. 어떤 조건에서는 유리만큼 단단하지만 부서지기 쉬운가 하면, 플라스틱 반죽처럼 부드럽기도 했어요. 시보그는 플루토늄의 성질에 관해 깊이 연구할 필요가 있다고 생각했어요.

플루토늄의 발견은 시보그를 그야말로 유명 인사로 만들었어요. 시보그는 1942년 플루토늄의 제조를 위하여 **맨해튼 계획**에 소집되었고, 원자폭탄을 만드는 일급비밀 프로젝트의 리더로서 100명 이상의 과학자를 이끌게 되었지요. 그에게 맡겨진 임무는 충분한 양의 플루토늄-239를 만들어 내는 것이었어요. 물론 시보그는 자신이 맡은 업무를 완수할 수 있을지 의구심이 들

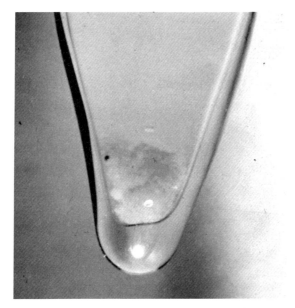

1942년 9월 처음 계량한 플루토늄산화물 0.019밀리그램

기도 했어요. 매우 적은 양을 만들어 낸 플루토늄을 대량 생산

하기 위한 공정을 설계해야 했으니까요.

지식 더하기

맨해튼 계획

1939년 8월 미국의 물리학자 실라르드는 독일보다 먼저 폭탄을 개발해야 한다는
내용을 담은 편지에 아인슈타인의 서명을 받아 미국 루스벨트 대통령에게 전달했
다. 우라늄을 이용한 새로운 에너지를 개발해 강력한 폭탄을 만들어야 한다는 내용
의 편지였다. 미국 정부는 이 건의를 받아들여 1941년 12월 원자폭탄 개발 특수 임
무를 수행하는 '맨해튼 계획'을 비밀리에 실행한다.

글렌 시보그

하지만 시보그를 비롯한 과학자들에게는 신념이 있었어요. 핵분열의 원리를 미국보다 먼저 발견한 독일이 먼저 원자폭탄을 만들게 할 수는 없다는 것이었지요. 무조건 '히틀러보다 먼저' 만든다는 게 과학자들의 목표였지요.

하루 12시간씩 연구에 매진한 지 3년이 흘렀고, 마침내 플루토늄-239가 만들어졌어요. 이 원소는 다른 초우라늄 원소에 비해 안정한 원자 연료가 될 수 있음이 밝혀졌지요. 플루토늄은 4년 후인 1945년에 미국이 일본의 나가사키에 투하한 원자폭탄 '팻 맨'의 재료가 되었습니다.

생전에 원소의 이름이 된 과학자

시보그는 맨해튼 계획을 끝마치고 플루토늄보다 무거운 95번과 96번 원소를 추가로 발견하려 했어요. 플루토늄이 그다음 원소들을 만드는 주재료가 되었지요. 자신만의 노하우를 가진 시보그에게는 자신감이 있었어요. 95번 아메리슘, 96번 퀴륨을 만들어 냈지만, 정작 새로운 원소를 분리하고 그 성질을 알아내지는 못했어요. 실험은 번번이 실패했어요.

시보그는 기존의 주기율표에 95번, 96번을 하나씩 채워 넣으며 아메리슘은 이리듐과 같은 족이고, 퀴륨은 백금과 같은 족이라는 가정을 했기 때문에 실패했다는 점을 깨달았어요.

"어쩌면 란타족 원소들이 한 무리를 이루는 것처럼, 초우라늄 원소들도 하나의 무리를 이루는 것은 아닐까?"

시보그는 자신이 만들어 낸 '악티늄족' 개념을 발판으로 아메리슘과 퀴륨을 분리하는 데 성공했어요. 그리고 1944년에 초우라늄 원소는 천연에 존재하는 토륨, 프로악티늄, 우라늄과 함께 악티늄족을 형성한다고 학계에 발표하려 했어요. 시보그의 통찰대로라면 멘델레예프의 주기율표에는 무거운 원소가 틀린 위치에 놓여 있는 셈이었기 때문에 시보그의 발표를 말리는 사람들도 있었어요. 시보그는 상관하지 않고 발표했고, 얼마 지나지 않아 멘델레예프의 주기율표에 악티늄족이 추가로 그려지게 되었어요.

시보그는 전쟁이 끝나고 캘리포니아 버클리 대학교로 돌아갔어요. 시카고에서 함께했던 기오르소 같은 우수한 과학자를 데리고서요. 시보그와 기오르소는 평생 연구 동료로서 꾸준히 함께 초우라늄 원소를 발견했어요. 97번을 시작으로 버클륨, 캘리포늄, 아인슈타이늄, 페르뮴, 멘델레븀, 노벨륨까지 발견했지요. 특히 1974년 기오르소가 발견한 106번 원소는 시보그의 이름을 따 시보귬이라 명명되기도 했어요. 이것은 살아 있는 사람의 이름을 따 명명된 최초의 원소였지요. 시보그는 물질의 세계에 자신의 이름을 딴 원소가 존재한다는 사실을 평생 무한한 영광으로 여겼다고 해요.

1951년에 시보그와 맥밀런은 초우라늄 원소를 발견한 공로를 인정받아 함께 노벨화학상을 받았어요. 이후 시보그는 학자로서 연구를 계속하면서도, 한편으로는 전 세계 사람들에게 과학을 공부하는 것이 얼마나 중요한 일인지 알렸습니다. 또한 원자로에서 플루토늄을 생산하면서 생기는 문제점을 해결하기 위해 국제적인 협력을 이끌어 내기도 했지요.

연구실에 있는 시보그의 모습

글렌 **시보그**

무지갯빛 금속부터
화재 감지기까지

비스무트(Bi)

원자 번호 83번. 약간 붉은 빛을 띠는 부드러운 은백색 금속. 표면이 산화되어 아름다운 무지개색 광택을 낸다. 인체에 무해해서 낚시 추나 유리 재료 등 납의 대체 물질로 많이 이용된다. 녹는점이 70℃로 낮아 뜨거운 물 안에 넣으면 액체가 된다. 이런 성질을 이용해 화재가 일어나면 녹는 화재용 자동 스프링클러 꼭지쇠로 이용된다.

넵투늄(Np)

원자 번호 93번. 주기율표에서 악티늄족 원소의 하나이며, 첫 번째 초우라늄 원소다. 초우라늄 원소는 모든 동위원소들이 방사성 붕괴를 하는 방사성 원소다. 악티늄족 원소 가운데 녹는 점이 640℃로 가장 낮고 밀도는 가장 크다. 가장 안정한 동위원소는 넵투늄-237이다.

아메리슘(Am)

원자 번호 95번. 방사성이 매우 강한 원소이며 처음에는 은백색을 띠지만 공기 중에서 검게 변한다. 미국(아메리카)의 이름을 따서 명명되었다.

현재는 빌딩의 화재 감지기로 널리 쓰이고 있다. 미래에는 플루토늄을 대신해 우주선 배터리에 사용될 수 있는 잠재력을 지녔다고 평가받는다.

표준 주기율표(대한화학회, 2018)

표기법:

원자 번호
기호
원소명(국문)
원소명(영문)
일반 원자량
표준 원자량

1	2	3	4	5	6	7	8	9
1 **H** 수소 hydrogen 1.008 [1.0078, 1.0082]								
3 **Li** 리튬 lithium 6.94 [6.938, 6.997]	4 **Be** 베릴륨 beryllium 9.0122							
11 **Na** 소듐 sodium 22.990	12 **Mg** 마그네슘 magnesium 24.305 [24.304, 24.307]							
19 **K** 포타슘 potassium 39.098	20 **Ca** 칼슘 calcium 40.078(4)	21 **Sc** 스칸듐 scandium 44.956	22 **Ti** 타이타늄 titanium 47.867	23 **V** 바나듐 vanadium 50.942	24 **Cr** 크로뮴 chromium 51.996	25 **Mn** 망가니즈 manganese 54.938	26 **Fe** 철 iron 55.845(2)	27 **Co** 코발트 cobalt 58.933
37 **Rb** 루비듐 rubidium 85.468	38 **Sr** 스트론튬 strontium 87.62	39 **Y** 이트륨 yttrium 88.906	40 **Zr** 지르코늄 zirconium 91.224(2)	41 **Nb** 나이오븀 niobium 92.906	42 **Mo** 몰리브데넘 molybdenum 95.95	43 **Tc** 테크네튬 technetium	44 **Ru** 루테늄 ruthenium 101.07(2)	45 **Rh** 로듐 rhodium 102.91
55 **Cs** 세슘 caesium 132.91	56 **Ba** 바륨 barium 137.33	57-71 란타넘족 lanthanoids	72 **Hf** 하프늄 hafnium 178.49(2)	73 **Ta** 탄탈럼 tantalum 180.95	74 **W** 텅스텐 tungsten 183.84	75 **Re** 레늄 rhenium 186.21	76 **Os** 오스뮴 osmium 190.23(3)	77 **Ir** 이리듐 iridium 192.22
87 **Fr** 프랑슘 francium	88 **Ra** 라듐 radium	89-103 악티늄족 actinoids	104 **Rf** 러더포듐 rutherfordium	105 **Db** 두브늄 dubnium	106 **Sg** 시보귬 seaborgium	107 **Bh** 보륨 bohrium	108 **Hs** 하슘 hassium	109 **Mt** 마이트너륨 meitnerium

57	58	59	60	61	62	63
La 란타넘 lanthanum 138.91	**Ce** 세륨 cerium 140.12	**Pr** 프라세오디뮴 praseodymium 140.91	**Nd** 네오디뮴 neodymium 144.24	**Pm** 프로메튬 promethium	**Sm** 사마륨 samarium 150.36(2)	**Eu** 유로퓸 europium 151.96

89	90	91	92	93	94	95
Ac 악티늄 actinium	**Th** 토륨 thorium 232.04	**Pa** 프로트악티늄 protactinium 231.04	**U** 우라늄 uranium 238.03	**Np** 넵투늄 neptunium	**Pu** 플루토늄 plutonium	**Am** 아메리슘 americium

Periodic table (groups 10–18 section)

10	11	12	13	14	15	16	17	18
								2 **He** 헬륨 helium 4.0026
			5 **B** 붕소 boron 10.81 [10.806, 10.821]	6 **C** 탄소 carbon 12.011 [12.009, 12.012]	7 **N** 질소 nitrogen 14.007 [14.006, 14.008]	8 **O** 산소 oxygen 15.999 [15.999, 16.000]	9 **F** 플루오린 fluorine 18.998	10 **Ne** 네온 neon 20.180
			13 **Al** 알루미늄 aluminium 26.982	14 **Si** 규소 silicon 28.085 [28.084, 28.086]	15 **P** 인 phosphorus 30.974	16 **S** 황 sulfur 32.06 [32.059, 32.076]	17 **Cl** 염소 chlorine 35.45 [35.446, 35.457]	18 **Ar** 아르곤 argon 39.95 [39.792, 39.963]
28 **Ni** 니켈 nickel 58.693	29 **Cu** 구리 copper 63.546(3)	30 **Zn** 아연 zinc 65.38(2)	31 **Ga** 갈륨 gallium 69.723	32 **Ge** 저마늄 germanium 72.630(8)	33 **As** 비소 arsenic 74.922	34 **Se** 셀레늄 selenium 78.971(8)	35 **Br** 브로민 bromine 79.904 [79.901, 79.907]	36 **Kr** 크립톤 krypton 83.798(2)
46 **Pd** 팔라듐 palladium 106.42	47 **Ag** 은 silver 107.87	48 **Cd** 카드뮴 cadmium 112.41	49 **In** 인듐 indium 114.82	50 **Sn** 주석 tin 118.71	51 **Sb** 안티모니 antimony 121.76	52 **Te** 텔루륨 tellurium 127.60(3)	53 **I** 아이오딘 iodine 126.90	54 **Xe** 제논 xenon 131.29
78 **Pt** 백금 platinum 195.08	79 **Au** 금 gold 196.97	80 **Hg** 수은 mercury 200.59	81 **Tl** 탈륨 thallium 204.38 [204.38, 204.39]	82 **Pb** 납 lead 207.2	83 **Bi** 비스무트 bismuth 208.98	84 **Po** 폴로늄 polonium	85 **At** 아스타틴 astatine	86 **Rn** 라돈 radon
110 **Ds** 다름슈타튬 darmstadtium	111 **Rg** 뢴트게늄 roentgenium	112 **Cn** 코페르니슘 copernicium	113 **Nh** 니호늄 nihonium	114 **Fl** 플레로븀 flerovium	115 **Mc** 모스코븀 moscovium	116 **Lv** 리버모륨 livermorium	117 **Ts** 테네신 tennessine	118 **Og** 오가네손 oganesson

64	65	66	67	68	69	70	71
Gd 가돌리늄 gadolinium 157.25(3)	**Tb** 터븀 terbium 158.93	**Dy** 디스프로슘 dysprosium 162.50	**Ho** 홀뮴 holmium 164.93	**Er** 어븀 erbium 167.26	**Tm** 툴륨 thulium 168.93	**Yb** 이터븀 ytterbium 173.05	**Lu** 루테튬 lutetium 174.97

96	97	98	99	100	101	102	103
Cm 퀴륨 curium	**Bk** 버클륨 berkelium	**Cf** 캘리포늄 californium	**Es** 아인슈타이늄 einsteinium	**Fm** 페르뮴 fermium	**Md** 멘델레븀 mendelevium	**No** 노벨륨 nobelium	**Lr** 로렌슘 lawrencium

중학교

과학2
I. 물질의 구성
1. 물질의 기본 성분
2. 물질의 구성 입자

VI. 물질의 특성
1. 물질의 특성
2. 혼합물의 분리

과학3
I. 화학 반응의 규칙과 에너지 변화
1. 물질 변화와 화학 반응식
2. 화학 반응의 규칙

고등학교

통합과학1
II. 물질과 규칙성
1. 원소의 생성과 규칙성
2. 자연의 구성 물질

과학탐구실험1
I. 과학의 본성과 역사 속의 과학 탐구
3. 멘델레예프의 주기율표 만들기

화학
I. 화학의 언어
1. 생활 속 화학과 물질의 양
2. 화학 반응식

단행본

강건일, 《학생을 위한 화학자 이야기》, 참과학, 2017.

노벨 재단 엮음, 《당신에게 노벨상을 수여합니다: 노벨 화학상》, 우경자·이연희 옮김,
　　바다출판사, 2024.

로베르트 융크, 《천 개의 태양보다 밝은: 우리가 몰랐던 원자과학자들의 개인적 역사》,
　　이충호 옮김, 다산사이언스, 2018.

로빈 맥퀸, 《멘델레예프와 주기율표》, 진정일 외 옮김, 대한화학회, 2006.

막달레나 허기타이, 《내가 만난 여성 과학자들: 직접 만나서 들은 여성 과학자들의
　　생생하고 특별한 도전 이야기》, 한국여성과총 출판위원회 옮김, 해나무, 2019.

샘 킨, 《카이사르의 마지막 숨: 우리를 둘러싼 공기의 비밀》, 이충호 옮김, 해나무,
　　2019.

아서 그린버그, 《화학사》, 김유창 외 옮김, 자유아카데미, 2011.

앤드루 로빈슨, 《위대한 과학자들: 발견과 창조로 인류의 오늘을 만든 43인의 거인》,
　　이창우 옮김, 지식갤러리, 2012.

에릭 셰리, 《일곱 원소 이야기: 주기율표의 마지막 빈칸을 둘러싼 인간의 과학사》,
　　김명남 옮김, 궁리, 2018.

오진곤, 《틀을 깬 과학자들》, 전파과학사, 2002.

올리버 색스, 《모든 것은 그 자리에》, 양병찬 옮김, 알마, 2019.

이완 라이스 모루스, 《옥스퍼드 과학사: 사진과 함께 보는, 과학이 빚어낸 거의 모든
　　것의 역사》, 임지원 옮김, 반니 2019.

장하석, 《장하석의 과학, 철학을 만나다》, 지식플러스, 2022.

장홍제, 《화학연대기》, 화학연대기, 한국교육방송공사, 2021.

잭 챌로너, 《원소: 사진으로 이해하는 원소의 모든 것》, 곽영직 옮김, 지브레인, 2022.

존 그리빈, 《과학을 만든 사람들》, 권루시안 옮김, 진선출판사, 2021.

존 그리빈·메리 그리빈, 《세상을 바꾼 위대한 과학실험 100》, 오수원 옮김, 예문아카이브, 2017.

지노 세그레, 《엔리코 페르미 평전: 핵의 시대를 연 물리학의 교황》, 배지은 옮김, 반니, 2020.

폴 휴잇, 《알기 쉬운 물리학 강의》, 공창식 옮김, 청범출판사, 1998.

피터 워더스, 《원소의 이름: 신비한 주기율표 사전, 118개 원소에는 모두 이야기가 있다》, 이충호 옮김, 윌북,

필립 볼, 《원소》, 고은주 옮김, 휴머니스트, 2021.

필립 볼, 《실험에 미친 화학자들의 무한도전》, 정옥희 옮김, 살림, 2013.

Greenaway, F., Chemistry background books Humphry Davy, Penguin, 1-17, 1996.

Pioneer Women of Radioactivity, McGill-Queen's University Press. 217-225, 1997.

Rayner-Canham, M. & Rayner-Canham, G., Devotion to Their Science:

Weeks, M., Discovery of the elements, Journal Of Chemical Education, 1956.

학술지 및 정기간행물

김학수(1998). 라부아지에의 열소론 -화학원리 1부 1장 열소 화합물과 탄성 공기형 유체의 형성-, 한국물리학회지, 16(1), 44-49.

Butera, J. G(2000). Glenn Seaborg 1912-1999. Resonance Journal of Science Education, 5, 67-73.

Cavendish, H(1785). XXIII. Experiments on air. Philosophical Transactions of the Royal Society of London, 75, 372-38.

Clark, D, & Hobart, D.(2000). Reflections on the Legacy of a Legend-Glenn T. Seaborg. Los Alamos Science, 26, 56-61.

Davies, A. (2012). Sir William Ramsay and the noble gases. Science Progress, 95(1), 23-49.

Davy, H.(1816). On the Fire-Damp of Coal Mines, and on Methods of Lighting the Mines So as to Prevent Its Explosion. Philosophical Transactions of the Royal Society of London, 106, 1-22.

Holmes, R.(2011). Humphry Davy and the Chemical Moment. Clinical Chemistry, 57(11), 1625-1631.

Lord Rayleigh(1895). Argon. Royal Institution Proceedings, 14, 524-538.

Marshall, R. & Marshal, J.(2007). Rediscovery of the elements: The Periodic Table. The Hexagon, 23-29.

Matlin, S. A. & Krief, A.(2018). Glenn Seaborg, The Periodic Table and a Belgian NGO. Chimie Nouvelle, 129, 1-10.

Odelberg. W.(1995). Jacob Berzelius and antiquarian research, Laborativ Arkeologi, 8, 5-18.

Oesper, R.(1927). Robert Wilhelm Bunsen. Journal of Chemical Education, 4(4), 434-435.

Roscoe, H,(1900). Bunsen Memorial Lecture, Royal Institute of London, 16, 442.

Santos, M. G.(2014). A tale of oblivion: Ida Noddack and the 'universal abundance' of matter. The Royal Society Journal of The History of Science, Sep 2014, 373-389.

Sutton, M.(2010). Airs and graces. Chemistry World, 28, 50-53.

Sutton, M.(2008). A clash of symbols. Chemistry World, 29, 56-60.

Thomas, M., Edwards, P. & Kuznetsov, V.(2008). Sir Humphry Davy: boundless chemist, physicist, poet and man of action. Chemphyschem, 9(1), 59-66.

West, J. B.(2014). Henry Cavendish (1731-1810): hydrogen, carbon dioxide, water, and weighing the world. American Journal of Physiology-Lung Cellular and Molecular :Physiology, 307(1).

웹페이지

https://ru.ruwiki.ru/w/index.php?title=Менделеев,_Дмитрий_Иванович

https://mprl-series.mpg.de/studies/7/

https://escholarship.org/uc/item/4b27r66v

http://www2.lbl.gov/Publications/Seaborg/bio.htm

https://discover.lanl.gov/publications/actinide-research-quarterly/first-quarter-2022/shining-light-on-a-dark-element/

https://digital.sciencehistory.org/works/bsnso60

https://archive.org/details/humphrydavypoetp00thoruoft/page/n7/mode/2up

https://journals.physiology.org/doi/full/10.1152/ajplung.00067

다른 인스타그램

뉴스레터 구독

주기율표를 만든 원소 수집가들
실험실의 고인 물부터 과학계의 아이돌까지

초판 1쇄 2025년 2월 25일

지은이   이호영

펴낸이   김한청
기획편집 원경은 차언조 양선화 양희우 유자영
마케팅   정원식 이진범
디자인   이성아 황보유진
운영   설채린

펴낸곳 도서출판 다른
출판등록 2004년 9월 2일 제2013-000194호
주소 서울시 마포구 동교로 27길 3-10 희경빌딩 4층
전화 02-3143-6478 **팩스** 02-3143-6479 **이메일** khc15968@hanmail.net
블로그 blog.naver.com/darun_pub **인스타그램** @darunpublishers

ISBN 979-11-5633-666-2 44000
　　　 979-11-5633-437-8 (세트)

다른 생각이
다른 세상을 만듭니다